Omen und Orakel für Anfänger

Methoden und Sichtweisen, Modelle und Möglichkeiten

Kontakt: www.HarryEilenstein.de
Harry.Eilenstein@web.de
Harry Eilenstein bei youtube

Herstellung und Verlag: BoD – Books on Demand, Norderstedt

ISBN: 9783756223015

Inhaltsverzeichnis

I Omen

Das Beachten von Omen ist ein bißchen aus der Mode gekommen, aber zumindstens im Esoterik-Bereich gibt es noch Reste davon. Grundsätzlich sind Omen jedoch genauso nützlich wie Orakel – auch wenn sie ein wenig anders funktionieren.

Bei dem Beachten von Omen gibt es drei grundlegend verschiedene Ansätze:

- Bei dem ersten Ansatz gibt es eine ganze Reihe von Regeln, welches Ereignis welche Bedeutung hat: Ein vierblättriges Kleeblatt bringt Glück, die Zahl „666" bringt Unglück, eine schwarze Katze, die von links nach rechts über den Weg läuft, ist ungünstig usw. Zu manchen dieser Omen gibt es sogar Sprüche wie z.B. „Spinne am Abend – erquickend und labend".

Es hat früher einmal geradezu einen umfangreichen „Katalog" von Hinweisen gegeben, welches Ereignis welche Bedeutung hat. In dem Buch „Deutsche Mythologie" der Gebrüder Grimm sind Hunderte solcher Regeln aufgeführt worden. Heute sind jedoch nur noch wenige von diesen Omen-Deutungsregeln bekannt oder gar in Gebrauch.

Dieser Ansatz ähnelt den Orakeln – es gibt eine klare, vorgegebene Deutungsanweisung. Allerdings wird das Orakel gezielt aufgesucht, während das Omen ohne eigenes Zutun erscheint.

- Bei dem zweiten Ansatz gibt es keine vorgegebene Deutung. Diese Art von Omen beginnt damit, daß man ein auffälliges Ereignis erlebt, das nicht alltäglich ist, und sich dann fragt, ob es etwas bedeutet – und wenn ja, was.

- Bei dem dritten Ansatz hat man gerade über etwas nachgedacht oder etwas intensiv gefühlt und sich dann eine Frage gestellt. Auf diese innere Frage hin geschieht entweder etwas Ungewöhnliches oder man fühlt sich zu etwas Bestimmtem hingezogen. Dieses Ereignis bzw. das, was man an dem Ort, zu dem man sich hingezogen fühlt, vorfindet, ist dann ein „Kommentar" zu der Frage, die man sich selber innerlich gestellt hat.

I 1. Omen-Beispiele

Die im vorigen Abschnitt beschriebenen drei Arten von Omen lassen sich am besten durch einige Beispiele beschreiben.

I 1. a) Omen-Regeln

Die Beispiele zu der ersten Sorte von Omen hängt davon ab, welche Omen-Regeln es in der eigenen Kultur gibt – also z.B. die, die von den Brüdern Grimm beschrieben werden. Dann ist ein vierblättriges Kleeblatt von Bedeutung, die Art von Vogel, der man morgens als erstes begegnet, eine an einer Wand lehnende Leiter, unter der man versehentlich hindurchgeht usw.

I 1. b) auffälliges Ereignis

Bei der zweiten Art von Omen gibt es keine festen Deutungsregeln – man versucht einfach die Struktur und die Qualität des auffälligen Ereignisses zu erfassen, den Bezug zu sich selber zu finden und das Omen dann zu deuten.

Ich saß z.B. einmal an einer S-Bahn-Haltestelle und habe über ein Ereignis am Vortag nachgedacht und bin mehr oder weniger depressiv geworden. Da flog ein Vogel einen halben Meter von mir entfernt gegen die Glasscheibe neben der Haltestellen-Bank und war sofort tot war.

Offensichtlich war das eine Warnung an mich: Ich bin mit vollem Schwung gegen ein Hindernis gerannt, habe mir (bildlich gesprochen) den Kopf gestoßen und bin depressiv geworden.

Also habe ich mir genauer angeschaut, was ich bei diesem Ereignis, das mich Richtung Depression gestoßen hatte, gefühlt habe, wie ich dabei mit meinen Gefühlen umgegangen bin und was ich jetzt tun sollte. Dieses Omen hat mich vor der Gefahr einer Depression gewarnt, wodurch ich bewußt genug geworden bin, um sie noch abwenden zu können.

I 1. c)   Frage und auffälliges Ereignis

Ich bin mit einem Paar befreundet gewesen, die beide Bildhauer sind. Zu der Frau hätte ich gerne näheren Kontakt gehabt.

Eines Tages stand ich auf einer Wiese am Waldrand bei einem Kunstwerk, das die beiden gemeinsam errichtet hatten. Da kam in mir die Frage hoch, was eigentlich geschehen würde, wenn ich einfach das tun würde, was ich meinem Gefühl nach tun will und nicht ständig Rücksicht auf deren Beziehung nehmen würde.

Direkt nachdem mir diese Handlungsmöglichkeit und diese Frage bewußt geworden ist, habe ich den Drang gespürt, zu dem Graben zu gehen, der 10m von dem Kunstwerk entfernt verlief. Als ich die 4m in diesem Graben hinabgeblickt habe, durch den ein Bach aus dem Wald ins Tal hinabfloß, habe ich unten bei dem Bach drei Pfeile in der Erde stecken sehen.

Da bin ich in den Graben hinuntergestiegen und habe mir diese Pfeile genauer angesehen.

Auf der Seite des Baches, die zu dem Kunstwerk hin lag, steckten zwei gleiche Pfeile nebeneinander in der Erde; auf der anderen Seite steckte ein anders aussehender Pfeil in der Erde, dessen Spitze fehlte und dessen Kerbe halb abgebrochen war.

Die Deutung war nicht schwer: Der Mann dieses Bildhauer-Paares war vom Sternzeichen her Schütze, d.h. er hat mir symbolisch die Antwort mit den Pfeilen gegeben – das Omen war also möglicherweise durch den Standpunkt des Mannes geprägt.

Zwei gleiche Pfeile sind ein Paar – auf der Kunstwerk-Seite des Baches. Der dritte Pfeil ist von diesem Paar durch den Bach getrennt. Er ist zudem durch die abgebrochene Kerbe und die fehlende Spitze „kastriert".

Das sah nicht danach aus, als ob zwischen mir und der Frau viel passieren würde …

I 1. d)   Namens-Omen

Es gibt noch einen Aspekt der Omen, der hier erwähnt werden kann: Es ist bei vielen Naturvölkern üblich, einem Kind einen ersten Namen zu geben, der sich auf ein auffälliges Omen zum Zeitpunkt seiner Geburt bezieht. Hier wird davon ausgegangen, daß dieses Omen auf eine zunächst oft noch unklare Weise den Charakter des Neugeborenen beschreibt.

Diese Form der Namensgebung mithilfe eines Omens hat Ähnlichkeit mit dem Stellen eines Geburtshoroskops, denn das Geburtshoroskop eines Menschen beschreibt ja nicht nur dessen Charakter, sondern auch die Qualität des betreffenden Augenblicks. Daher ist ein auffälliges Ereignis in dem Geburtsaugenblick auch ein Bild für das Horoskop des betreffenden Menschen.

8

I 2.   Omen-Theorien

Man kann die Existenz von Omen mit verschiedenen Modellen beschreiben. Diese drei Modelle sind das Geister-Modell, das Analogie-Modell und das Telepathie-Modell.

I 2. a)   Geister-Modell

Bei dem Geister-Modell geht man davon aus, daß Geister oder Gottheiten oder auch die eigenen Ahnen einem wohlgesonnen sind, eine Gefahr sehen und einen warnen wollen – oder einem einfach einen hilfreichen Kommentar geben.

Dieses Modell impliziert, daß diese Geister, Gottheiten und Ahnen eine magische Kraft besitzen, mit deren Hilfe sie die auffälligen Ereignisse herbeiführen können. Diese Ansicht – daß die Geister, Gottheiten und Ahnen über die magische Kraft verfügen – ist weltweit verbreitet und es gibt kaum Völker, die dies anders sehen.

I 2. b)   Analogie-Modell

In dem Analogie-Modell rufen Ereignisse ähnliche („analoge") Ereignisse hervor.

Eine zweite Beschreibungsmöglichkeit ist, daß alle Dinge zueinander in Resonanz und Analogie stehen und sich daher ähnlich sind.

Eine dritte Beschreibungsmöglichkeit ist die Ansicht, daß alle Dinge von ihrer Qualität her in derselben Weise geprägt werden und daß daher jedes Detail zugleich die Qualität des Ganzen sichtbar macht. Das ist sozusagen eine universelle, aber sich weiterentwickelnde Selbstähnlichkeit. Der Ausgangspunkt für diese überall gleiche Qualität eines Augenblicks ist in vielen Fällen die intensive Beschäftigung mit der Astrologie.

I 2. c)   Telepathie-Modell

Im Telepathie-Modell ist es der Mensch, der das Omen erlebt, der sich unbewußt mithilfe von Telepathie die nötigen Informationen beschafft und unbewußt mithilfe von Telekinese ein Ereignis herbeiführt, das dem Betrefffenden ein Element in der

Psyche oder in den Lebensumständen dieses Menschen veranschaulicht.

I 2. d)   Vergleich der Modelle

Der Unterschied zwischen diesen drei Modellen ist letztlich nicht allzugroß: In allen drei spielt die Analogie („Gleichnis") zwischen dem hinweisenden „kleinen Ereignis" und dem „großen Ereignis", auf das hingewiesen wird, die Hauptrolle. In dem ersten Modell sind es Geister, die das Omen bewirken, im dritten Modell ist es der Mensch selber, der das Omen bewirkt, und im zweiten Modell wird davon ausgegangen, daß die Analogie-Wirkung bereits fest in der Welt verankert ist und nicht erst gezielt hervorgerufen werden muß.

Es ist also klar, daß es diese Analogien gibt, die als Omen erscheinen können, während unklar ist, ob diese Analogien in der Natur der Welt liegen oder von dem Menschen selber erzeugt werden oder ob sie von Geistern gesandt werden.

Auch die Unterscheidung „Welt", „Mensch" und „Geister" ist nicht so grundlegend, wie sie auf den ersten Blick zu sein scheint. Zunächst einmal sind sowohl die Menschen als auch die Geister, Gottheiten und Ahnen Teile der Welt. Weiterhin sind die Ahnen „Menschen ohne physischen Leib" und auch die Geister und Götter sind sehr menschenähnlich.

Der einzige klar erkennbare Unterschied bei diesen drei Modellen ist die Annahme, daß es möglicherweise „gute Geister" oder „wohlmeinende Götter" sind, die einem Menschen die Omen senden. Allerdings entspricht der Egoismus des Menschen von seiner Wirkung her weitgehend dem „Gutsein" der Geister (die ihren Nachkommen helfen wollen) und dem „Wohlwollen" der Götter (die eben „gut" sind). Man könnte auch argumentieren, daß in der Welt an sich ein Impuls existiert, der den Wesen in ihr wohlgesonnen ist.

Letztlich zeigt sich somit, daß diese drei Modelle eigentlich nicht sonderlich verschieden sind und daß man sie letzten Endes auf das, was man bei einem Omen tatsächlich beobachten kann, reduzieren kann: ein sinnvolles und evtl. hilfreiches Ereignis, das im Kleinen zeigt, was im Großen noch geschehen wird oder noch geschehen könnte, wenn man nichts dagegen unternimmt.

II Orakel

Das Orakel unterscheidet sich vom Omen lediglich dadurch, daß das „kleine Ereignis", das zur Deutung des „großen Ereignisses" herangezogen wird, willentlich herbeigeführt wird. Bei einem Omen deutet man ein auffälliges Ereignis – bei einem Orakel führt man gezielt ein Ereignis herbei, das dann gedeutet wird. In beiden Fällen wird die Analogie zwischen dem „kleinen Ereignis" und dem „großen Ereignis" genutzt, um die Qualität des „großen Ereignisses" erkennen zu können.

II 1. Orakel-Theorien

Die Theorien, wie ein Orakel funktioniert, sind dieselben wie bei den Omen: Es sind die Ahnen/Geister oder die Götter oder ein in Welt inhärentes Analogie-Prinzip, das das „kleine Ereignis" mit dem „großen Ereignis" koppelt.

Auch bei den Orakeln kann man letztlich nur sagen, daß es das Prinzip der Analogien gibt. Ob es Geister oder Götter gibt, die diese Analogien bewirken, oder ob diese Analogien in der Natur der Welt liegen, kann man nicht sagen – es macht letztlich aber kaum einen Unterschied.

Allerdings gibt es bei den Orakeln häufig die Ansicht, daß die Grundgedanken, von denen die möglichen Antworten des Orakels abgeleitet werden, das Wesen der Welt sind. Das Orakel ist – auch wenn dies nur sehr selten ausdrücklich gesagt wird – immer auch eine Weltanschauung, die dem Fragesteller durch die Orakel-Antworten vermittelt wird.

Dieser Aspekt der Orakel wird in Kapitel „II 3. Die Wurzel-These eines Orakels" genauer betrachtet.

II 2.   Ja/Nein-Orakel

Um das Prinzip der Orakel besser verstehen zu können, ist es hilfreich, sich eine Reihe verschiedener Orakel genauer anzuschauen.

Am schlichtesten sind die Orakel, die einfach eine Entscheidung zwischen zwei Möglichkeiten treffen. Diese Orakel werden heute im allgemeinen „Gottesurteil" genannt.

II 2. a)   Würfel

Das Würfel-Orakel ist vor allem von den Germanen bekannt, aber die frühesten Würfel stammen aus Ägypten und Mesopotamien aus der Zeit um ca. 3500 v.Chr. Diese Würfel wurden im Zusammenhang mit Spielen verwendet, die zumindestens bei den Ägyptern eine Jenseitsreise dargestellt haben („Senet"-Spiel). Diese mit den Würfeln verbundene Thematik läßt vermuten, daß dieses Würfelspiel damals auch als Orakel verwendet worden ist.

Möglicherweise hat der Sieger bei diesem Zwei-Personen-Spiel mehr als nur das Spiel gewonnen. Dann wären die Würfel eine Art Gottesurteil gewesen, bei dem eine Gottheit – beim Senet vermutlich der Totengott Osiris – über den Sieg und die Niederlage entschieden hat. Dem Sieger stand dann der „Einsatz" bei diesem Spiel zu oder man ging davon aus, daß sein Wunsch in Erfüllung ging.

Leider ist über die genaue Weise, wie damals in Ägypten und Mesopotamien und auch später bei den Germanen Würfel zu Orakelzwecken verwendet worden sind, nichts bekannt – außer das die Germanen Tacitus zufolge zur Römerzeit mit sehr hohen Einsätzen gespielt haben, die bis zur eigenen Versklavung gereicht hat. Vermutlich ist das Würfeln mit und auch ohne Spielbrett schon früh zu einem reinen Spiel ohne jeden Orakel-Charakter geworden.

Da bei dem ägyptischen Senet-Spiel einige Felder auf dem Spielbrett Gottesnamen als Inschrift tragen, ist es denkbar, daß diese Felder, wenn man durch das Würfeln auf sie gelangte, ursprünglich einmal eine Orakelantwort gewesen sind. Doch das ist nur eine Vermutung.

Das ägyptische Senet ist sehr wahrscheinlich der Urahn solcher Spiele wie „Backgammon", „Mensch-ärgere-Dich-nicht" und „Gänsespiel" gewesen, bei dem man mithilfe von Würfeln und Spielfiguren einen bestimmten Weg zurücklegen muß.

II 2. b) Tafl

Dieses germanische Brettspiel ähnelt ein wenig dem chinesischen Go und Gobang. Das Spiel kann eine verschiedene Brettform mit verschieden vielen Spielfeldern und Spielfiguren haben, aber es ist immer punktsymmetrisch aufgebaut, d.h. der Rand des Spielfeldes hat eine ungerade Anzahl von Spielfeldern wie auch Go (19·19 Felder) und Gobang (15·15 Felder). Schach und Dame haben hingegen eine gerade Anzahl von Feldern (8·8 Felder).

Beim Tafl gibt es zwei Parteien: Die eine Gruppe von Figuren steht im Zentrum um ihren König in der Mitte des Spielfeldes und verteidigt – die andere Gruppe steht am Rand und greift an. Wenn eine Figur von allen vier Seiten her von Gegnern umzingelt ist, wird sie aus dem Spiel genommen. Die Verteidiger haben gewonnen, wenn der König den Spielfeldrand erreicht hat – die Angreifer haben gewonnen, wenn sie den König umzingelt haben.

Dieses Spiel befand sich auch in den germanischen Tempeln, wobei die Spielfiguren dann zumindestens den Sagen zufolge aus Gold hergestellt worden sind. Die beiden Parteien sind sehr wahrscheinlich der Sommergott Tyr und der Wintergott Loki.

Dieses Spiel wurde auch als Orakel verwendet – offensichtlich in der Form eines Gottesurteils: Die Götter ließen den gewinnen, der im Recht war.

„Tafl" bedeutet schlicht „Tafel" im Sinne von „Brett, Spielbrett".

II 2. c) Go und Gobang

Dieses Spiel ist wie das germanische Tafl aufgebaut: ein quadratisches Spielbrett mit vielen Feldern, auf denen zwei Parteien versuchen, Spielfiguren des Gegners zu umzingeln und dadurch aus dem Spiel zu nehmen. Allerdings gibt es beim Go keinen König.

Auch dieses Spiel könnte einst ein Gottesurteil-Orakel gewesen sein – sicher ist dies jedoch nicht. Es ist natürlich auch denkbar, daß solche Spiele nur aus der Freude am Spiel und am „ritualisierten Kampf" erdacht worden sind. Da sich jedoch fast alle Spiele auf ihnen zugrundeliegende frühere Orakel zurückführen lassen, wird dies wahrscheinlich auch beim Go und beim Gobang der Fall sein.

Da die Regeln beim Tafl, beim Go und beim Gobang sehr schlicht sind und auch der Grundgedanke der zwei gegeneinander kämpfenden Heere sehr einfach ist, ist es gut denkbar, daß diese drei Spiele einen gemeinsamen Ursprung in der eurasiatischen Kultur der späten Jungsteinzeit oder des frühen Königtums haben.

Der Name „Go" ist die Kurzform des alten Namens „Weiqi", der „Umzingelungs-Spiel" bedeutet und sich auf die zentrale Spielregel bezieht, auf der auch das germanische Tafl-Orakel beruht.

II 2. d) Schach

Für das Spiel Schach gilt dasselbe wie für Tafl, Go und Gobang: Zwei Parteien kämpfen mit Spielfiguren auf einem Spielbrett gegeneinander. Beim Schach sind die Spielfiguren jedoch nicht mehr einheitlich, sondern wie in einem Heer in verschiedene Arten von Kämpfern aufgeteilt. Wie im Tafl spielt die Figur des König die zentrale Rolle. Das Schach ist erst um ca. 600 n.Chr. in Nordindien entwickelt worden – vermutlich aus einem Spiel, das dem Tafl, dem Go und dem Gobang sehr ähnlich gewesen ist.

Ob Schach auch als Gottesurteil-Orakel verwendet worden ist oder stets nur als Strategiespiel in Gebrauch war, läßt sich nicht sicher sagen.

Die Spielbrett-Größe von $8 \cdot 8 = 64$ Feldern stammt recht sicher von der Tabelle des I Ging ab, in der die 64 Kombinations-Möglichkeiten der acht Trigramme mit den acht Trigrammen ($8 \cdot 8 = 64$ Möglichkeiten) aufgeführt worden sind.

Zudem war die „8" in den alten Kulturen die Zahl der Vollständigkeit und der Vollkommenheit, da man ursprünglich nur die Zahlen „1", „2", „4" und „8" gekannt hat und die größeren Zahlen durch Addition wie z.B. „8+4+1=13" hergestellt hat.

II 2. e) Dame

Auch das Dame-Spiel gehört in dieselbe Kategorie wie Tafl, Go, Gobang und Schach. Bei diesem Spiel sind die Spielfiguren wie beim Go und beim Gobang zu Spielbeginn alle einheitlich – sie können sich jedoch in eine „Dame" verwandeln, die mehr Möglichkeiten hat und der „Dame" im Schach gleicht.

Dieses Spiel ist um ca. 1200 n.Chr. aus dem Schach weiterentwickelt worden, aber gleicht wieder mehr den älteren Spielen mit den einheitlichen Figuren, also dem Go, dem Gobang und dem Tafl. Die Verwandlung einer Spielfigur in eine „Dame", wenn diese Figur den gegnerischen Spielfeldrand erreicht, ist jedoch eindeutig dem Schach entlehnt.

Auch dieses Spiel ließe sich als Gottesurteil-Orakel verwenden. Es ist jedoch recht wahrscheinlich, daß nur die frühen Spiele dieses Spiele-Stammbaumes, also Tafl, Go und Gobang, nicht jedoch Schach und Dame, regelmäßig als Orakel verwendet worden sind.

II 2. f)   Federball, Fußball und ähnliches

Die meisten heutigen Ballspiele sind stark von den indianischen Ballspielen in Mittelamerika beeinflußt worden, bei denen der Ball die Sonne dargestellt hat. Mithilfe dieses Spiele sind bis vor 500 Jahren die Opfer für die Götter festgestellt worden. Allerdings hat es auch in Nordamerika und Eurasien dem Federball ähnliche Spiele gegeben.

Es fällt auf, wie einheitlich dieses Spiel mit Schlägern und Korkstück/Federn-Ball in Eurasien, Nordamerika und Mittelamerika ist. Das läßt vermuten, daß dieses Spiel schon sehr alt sein könnte – es müßte dann allerdings bis in die späte Altsteinzeit um spätestens 16.000 v.Chr. zurückreichen, da die amerikanischen Ureinwohner um 14.000 v.Chr. von Nordostasien aus in Nordamerika eingewandert sind.

Abgesehen von der Orakel-Funktion bei den mittelamerikanischen Indianern gibt es keine sicheren Hinweise auf einen Orakel-Ursprung dieses Spiels. Die älteste Variante dieses Spiels ist recht sicher das Federball-Spiel.

II 2. g)   Zweikampf

Es gibt außer der Spiel-Version noch andere Gottesurteil-Orakel, die früher einmal weit verbreitet gewesen sind.

Am ältesten und einfachsten wird der Zweikampf gewesen sein – die Götter halfen dem, der im Recht war. Es war z.B. bei den Germanen in einem Rechtsstreit jederzeit möglich, den Gegner zur Entscheidung des Streitfalles zu einem Zweikampf herauszufordern. Der Herausgeforderte mußte entweder den Kampf annehmen oder er hatte den Rechtsstreit verloren. Wer den Zweikampf überlebte, hatte gewonnen und war im Recht …

Von den Germanen, den Kelten und den Römern ist bekannt, daß manchmal anstelle von zwei Heeren nur die beiden Anführer gegeneinander gekämpft und die Schlacht auf diese Weise entschieden haben. Dies wurde den römischen Heeresführern jedoch schließlich von den römischen Kaisern verboten, da diese mehr auf die Kampfkraft ihrer Heere als auf die Kampfkraft ihrer Heerführer setzten.

II 2. h) Feuer-Orakel

Ein deutlich „magischeres" Verfahren ist der Feuerlauf als Gottesurteil, der vor allem bei den Kelten üblich gewesen ist. Wenn der Angeklagte barfuß und ohne Blasen an den Füßen zu erhalten, über glühende Kohlen laufen konnte, war er unschuldig – wenn nicht, war er schuldig. Dieses Verfahren gibt natürlich nur dann einen Sinn, wenn man schon einmal selber an einem Feuerlauf teilgenommen und erlebt hat, daß es wirklich möglich ist, unbeschadet über Glut zu laufen oder sich sogar nackt in die Glut zu legen.

Von den Germanen ist ein ähnliches Verfahren bekannt, über das in der Nibelungen-Saga berichtet wird: Dort mußte die des Ehebruchs angeklagte Gudrun ihre Hände unbeschadet in siedendes Öl tauchen – was ihr im Gegensatz zu der Frau, die sie verleumdet hatte, auch gelang. Dieses Öl wurde zuvor von einem germanischen Priester geweiht – was deutlich den Orakel-Charakter dieses Verfahrens zeigt.

Von den christlichen Missionaren ist die „Feuerprobe" der Kelten dann zu einem Nachweis der Sünde der Hexen umgedeutet worden: Wenn die Hexen unschuldig gewesen wären, wären sie bei den Hexenverbrennungen nicht im Feuer gestorben …

Von diesen Feuerproben-Orakeln stammt die Redewendung „dafür lege ich meine Hand ins Feuer" ab.

II 3.   Qualitäten-Orakel

Durch diese Gruppe von Orakeln wird nicht ein „Ja oder Nein" bzw. ein „Sieg oder Niederlage" ermittelt, sondern es wird eine bestimmte Qualität, die die betrachtete Situation prägt, herausgefunden.

II 3. a)   Vogelflug

Da die Ahnen zum einen die „weisen und hilfsbereiten Wesen" sind und zum anderen die Gestalt von Seelenvögeln haben, hat man weltweit versucht, den Flug der Vögel als Hinweise der Ahnen auf die Fragen, die ihre Nachkommen gehabt haben, zu deuten.

Ob dies nun eine Omen-Deutung oder eine Orakel-Deutung gewesen ist, hängt nur davon ab, ob einem der seltsame Flug eines Vogel aufgefallen ist und man sich gefragt hat, was das bedeutet, oder ob man eine Frage gestellt hat und dann den Flug der Vögel beobachtet hat. Man kann hier zwar Omen und Orakel unterscheiden, aber der Unterschied ist nicht sehr groß.

Aus dieser Form von Orakel hat sich das Mythen- und Sagen-Motiv des Verstehens der Vogelsprache entwickelt. Dieses Motiv ist weit verbreitet, auch wenn es heutzutage in Europa wahrscheinlich hauptsächlich von Sigurd/Siegfried bekannt ist. Dort, wo dieses Motiv auftritt, findet sich entweder eine Jenseitsreise des Helden oder eine Warnung an den Helden durch die Ahnen-Seelenvögel – oder beides.

Die Deutung des Verhaltens der Vögel wird anfangs eher intuitiv gewesen sein: Kommt der Vogel näher oder fliegt er weg? Bringt er etwas? Ist er neugierig? Wird er von einem Raubvogel getötet? Füttert er seine Jungen?

Später werden sich dann bestimmte Qualitäten herausgebildet haben, die man mit den einzelnen Vogelarten assoziiert hat, und ebenso Regeln für das Deuten der Flugrichtungen der Vögel und generell für ihr Verhalten.

II 3. b)   Knochen-Orakel

Das Knochen-Orakel ist eine der einfachsten Formen des Orakels.

Man sammelt im Laufe der Zeit kleine Gegenstände, die entweder in sich oder aus den Umständen heraus, in denen man sie gefunden hat, einen klare Bedeutung haben. So kann ein Zahn für Kraft stehen, ein Bergkristall für Klarheit, eine Schraube von dem eigenen ersten Motorrad für Abenteuer, ein Maiskorn für Nahrung, eine Eichel für die Eiche, die die eigene Kraftpflanze ist, eine abgebrochene Messerklinge für Kampf, eine Hagebutte für Schönheit (Rose), ein Stück einer Gitarrensaite für Musik, ein kleiner Schraubenzieher für Handwerksarbeit usw.

Dann malt man auf ein Stück Stoff ein Mandala: die vier Elemente und das Licht in der Mitte oder den Grundriß einer Schwitzhütte oder das Yin/Yang-Zeichen mit den acht Trigrammen ringsum usw. In dieses Tuch kann man auch die gesammelten Gegenstände füllen und mit einer Schnur zubinden.

Wenn man das Orakel befragen will, nimmt man die Gegenstände aus dem Tuch und breitet es mit der Mandala-Seite nach oben aus und stellt die Frage. Dann nimmt man ohne hinzuschauen eine Handvoll von den gesammelten Gegenständen und streut sie wahllos über das Tuch aus.

Nun schaut man, wo welcher Gegenstand auf dem Tuch liegt:

- Was liegt im Zentrum des Mandalas? Das ist das zentrale Thema.

- Wo liegen die meisten Dinge? Dort finden gerade die meisten Aktionen statt.

- Was liegt nebeneinander? Das wirkt aufeinander.

- Was liegt über einem anderen Gegenstand? Das ist dominant gegenüber dem unteren Gegenstand.

- Was liegt außerhalb des Mandalas, aber noch auf dem Tuch? Das ist entweder aus dem Leben des Betreffenden gegangen oder wartet darauf, in sein Leben einzutreten.

- In welche Richtung weisen die Dinge, sofern sie ein „Vorne" haben? Dorthin wollen sie sich weiterentwickeln.

Solch ein Ritual wird im Laufe der Zeit immer differenzierter werden, wenn mehr Gegenstände zu der Sammlung hinzukommen.

Dieses Orakel ist sehr subjektiv, da es aus Dingen besteht, die man selber im Laufe der Zeit gesammelt hat und weil es sein kann, daß in dieser Sammlung zu bestimmten Themen gar keine Dinge enthalten sind.

Andererseits sind die Dinge in dieser Sammlung für den Betreffenden so markant, daß er die Lage schnell überblicken und auch komplexe Situationen schnell erfassen kann.

II 3. c)   Eingeweide-Orakel

Das Eingeweide-Orakel ist vermutlich eine sehr alte Form des Orakels, da die Menschen bis zur Entwicklung des Ackerbaus um 8000 v.Chr. fast ausschließlich von der Jagd lebten und daher das Sehen von Eingeweiden zum ganz normalen Alltag gehört hat.

Bei der Eingeweide-Schau wurde vermutlich der Zustand und die Lage der Eingeweide zueinander betrachtet. In der Regel wurde dafür ein bestimmtes Tier – manchmal auch ein Mensch – getötet und dann dessen Innereien gedeutet. Von den Germanen ist bekannt, daß sie auch auf die letzten Bewegung des Opfers sowie auf das Fließen des Blutes nach dem Töten des Opfers geachtet haben.

Der genaue Verlauf dieser Deutungen sowie die Regeln, die dabei beachtet worden sind, sind meines Wissens nicht mehr bekannt.

Aus der Art dieses Orakels ergibt sich jedoch, daß sich aus ihm mit großer Wahrscheinlichkeit keine Ja/Nein-Antwort, sondern eine Qualität als Antwort ergeben haben wird. Auch die überlieferten Antworten von Eingeweide-Orakeln weisen in diese Richtung: Es wird zwar z.B. der Ausgang einer Schlacht vorhergesagt, aber meistens nicht einfach mit einem „dieses Heer siegt", sondern mit einer etwas detaillierteren Antwort.

II 3. d) I Ging

Das I Ging umfaßt 64 Symbole, die sich wieder in 64 Symbole verwandeln können. Es gibt also insgesamt $64 \cdot 64 = 4096$ mögliche Antworten. Jede dieser 64 Symbole beschreibt einen bestimmten Zustand, der sich in einen der anderen Zustände verwandeln kann.

Die möglichen Antworten sind zwar festgelegt und somit eine Erweiterung des Ja/Nein-Prinzips, aber die große Anzahl 4096 möglichen Antworten ist doch so differenziert, daß man von einer qualitativen Antwort sprechen kann.

Die 64 Symbole sind in eine obere und eine untere Hälfte aufgeteilt, die jeweils aus drei waagerechten Linien bestehen. Diese Linien sind entweder durchgezogen (Yang) oder unterbrochen (Yin). Es gibt, da es drei Linien sind, insgesamt acht „Trigramme": $2 \cdot 2 \cdot 2 = 2^3 = 8$ Möglichkeiten.

Man kann die 64 „Hexagramme", die aus jeweils sechs Linien bestehen, als Kombination aus den 8 Trigrammen mit den 8 Trigrammen auffassen. Dies läßt sich am einfachsten auf einem Raster von $8 \cdot 8$ Feldern darstellen, bei der alle Spalten dieselben oberen Trigramme und alle Zeilen dieselben unteren Trigramme haben.

Auf diese Weise hat sich das $8 \cdot 8 = 64$ Felder große Spielfeld ergeben, daß im Schach und im Dame-Spiel verwendet wird. Das Tafl-Spiel der Germanen hat hingegen immer eine ungerade Anzahl von Feldern, da es ein zentrales Feld für den König geben muß.

Die 64 Möglichkeiten von Grundqualitäten haben sich auf die folgende Weise ergeben:

- Am Anfang war das Tao: die „1".
- Das Tao hat sich in Yang (Diesseits, Süden, Drache, hell, warm, männlich) und Yin (Jenseits, Süden, Phönix, dunkel, kühl, weiblich) aufgeteilt: die „2". Diese grundlegende Einteilung der Welt findet sich u.a. bei den Germanen, bei den Chinesen und auch schon vor 12.000 Jahren in Göbeklti Tepe in Nordmesopotamien, weshalb anzunehmen ist, daß diese Dualität bis in die späte Altsteinzeit vor ca. 30.000 Jahren zu den gemeinsamen Vorfahren dieser drei Völker zurückreicht.
- Yin und Yang haben sich auf 4 Weisen miteinander verbunden, wodurch die 4 Jahreszeiten (Yin-Yin, Yin-Yang, Yang-Yin, Yang-Yang) entstanden sind.
- Diese 4 Phasen haben sich jeweils noch einmal mit Yin bzw. Yang verbunden, wodurch die 8 Grundqualitäten entstanden sind: Feuer, Wasser, Himmel, Erde, Wind, Berg, See und Donner.
- Diese 8 Trigramme, die die 8 Grundqualitäten darstellen, wurden miteinander kombiniert, sodaß sich daraus die 64 Hexagramme ergeben haben, also die 64 Zeichen des I Gings.

Es fällt auf, daß sich die „8" bei sehr vielen Völkern als heilige Zahl findet und es auch viele Götterkreise gibt, die aus 8 Gottheiten bestehen. Dies liegt daran, daß die Menschen in der Altsteinzeit und auch noch in dem größten Teil der Jungsteinzeit binär gezählt haben. Es gab also die Zahlen „1", „2", „4" und „8". Aus ihnen konnte man durch Addition Zahlen bis „15" zusammenstellen: „1+2=3", 4+2=6", „8+4+2+1=15" usw. Größere genaue Zahlen hat man damals noch nicht gebraucht.

Die Wichtigkeit der „2" zeigt sich auch darin, daß fast alle alten Sprachen neben dem Singular (Einzahl) und dem Plural (Mehrzahl) auch noch den Dual (Zweizahl) als grammatische Form haben. Der Dual wurde für „zwei Augen", „zwei Beine", „Mann und Frau", „Zwillinge", „die zweifache Göttin (Diesseits und Jenseits)" und ähnliches benutzt.

Da die „8" die größte Zahl gewesen ist, hat die „8" nach und nach ihre Bedeutung erweitert: „8 → viele → vollständig → vollkommen". Daher ist die „8" die vollständige Anzahl der Grundzustände: die 8 Trigramme.

Offensichtlich ist man einst davon ausgegangen, daß sich diese 8 Grundzustände verwandeln können – eben wieder in die 8 Grundzustände, wodurch sich 8·8 mögliche Verwandlungen ergeben haben (eine dieser Verwandlungen ist das natürlich das Gleichbleiben gewesen). Diese 64 Verwandlungs-Möglichkeiten wurden dann als 8·8=64 Felder angeordnet, wodurch das Schachbrett entstanden ist. Irgendwann sind diese 64 Verwandlungs-Möglichkeiten dann noch einmal in einem zweiten Schritt als Ausgangspunkt für 64·64=4096 mögliche Verwandlungen angesehen worden – so entstand das I Ging.

Wie diese Orakel-technischen Betrachtungen bereits deutlich zeigen, beschreibt das I Ging vor allem Verwandlungen. Daher bedeutet der Name „I Ging" dieses Orakels auch „Buch (Ging) der Wandlungen (I)".

Die Hexagramme werden ausgewählt, indem man nacheinander die sechs einzelnen Linien mithilfe von 50 Schafgarbenstengeln oder mithilfe von Münzen, die wie zweiseitige Würfel verwendete werden, bestimmt. Die Schafgarben-Methode dauert deutlich länger als das Würfeln, aber es lohnt sich, sie anzuwenden, da sie einen meditativen Zustand und eine innere Ruhe und Gelassenheit hervorruft, die mit der Münz-Methoden kaum erreicht werden kann. Dieser Zustand ermöglicht eine deutlich tiefere Deutung des Hexagramms.

II 3. e) Ifa

Das Ifa-Orakel der Yoruba in Westafrika ähnelt stark dem I Ging der Chinesen. Es beruht auf 256 verschiedenen Weisheitstexten, die in einem Quadrat mit $16 \cdot 16 = 256$ Feldern angeordnet sind.

Auch dieses System ist wie das I Ging aus einer binäre Folge entwickelt worden „1 → 2 → 4 → 8 → 16". Jede Einheiten in dieser Folge, also die „1" des Anfangs, der Urgegensatz der „2", die Grundprinzipien der „4" usw. entsprechen bestimmten Gottheiten. Auch hierin gleicht das Ifa-Orakel dem I Ging.

Die grundlegenden Aufteilungen des Orakels von ungefähr „1" bis „16" entsprechen Wesen, die man als Gottheiten auffassen kann. Das gesamte System von „1" bis „256" ist sozusagen eine Hierarchie spiritueller Wesen mit von „1" nach „256" hin abnehmender magischer Macht.

Anstelle von Schafgarbenstengeln werden beim Ifa halbkugelförmige Samenkapsel verwendet, was der Verwendung von Münzen beim I Ging gleicht – sowohl die Münzen als auch die Samenkapseln haben zwei Möglichkeiten wie sie nach dem Werfen auf der Erde liegen bleiben können.

Die Sammlung dieser 256 Texte wird „Odu-Ifa" genannt. Die Orakeldeuter gehen davon aus, daß die Ahnen sprechen, wenn man das Orakel befragt.

Dieses Orakel wird heute in Westafrika und bei den aus Afrika stammenden Religionen in Nord- und Südamerika verwendet.

II 3. f) Tarot

Das Tarot ist heute neben dem I Ging das vermutlich am häufigsten verwendete Orakel. Es besteht aus 78 Karten, die in drei Gruppen eingeteilt sind:
- 22 Große Arkana („Große Geheimnisse)
- 16 Hofkarten („Menschen-Typen am Königshof")
- 40 Kleine Arkana („Kleine Geheimnisse")

Die 22 Großen Arkana stellen grundlegende Qualitäten, Prinzipien und Vorgänge in der Welt dar. Die Hofkarten und die Kleinen Arkana bestehen aus jeweils vier gleichgroßen Gruppen von Karten, die den vier Elementen entsprechen: 4·4 Hofkarten bzw. 4·10 Kleine Arkana. Die Hofkarten stellen 4·4 Menschentypen dar; die 4·10 Kleinen Arkana beschreiben 10 Entwicklungsschritte.

Das heute hauptsächlich verwendete Tarot-Kartenset ist 1920 erschienen und wurde von Arthur Edward Waite konzipiert und von Pamela Coleman Smith im Jugendstil gezeichnet und koloriert. Sowohl Waite als Smith waren Mitglieder des Golden Dawn.

Waite hat sich von dem Sola-Busca-Tarot aus dem 15. Jahrhundert inspirieren lassen, das bis dahin das einzige Kartenset gewesen ist, in denen alle Karten Bilder enthielten – was die Deutung der Karten wesentlich einfacher gemacht hat. Zudem war der Jugendstil von Pamela Coleman Smith sehr viel freundlicher und heiterer als die bis dahin üblichen, meist holzschnittartigen Szenerien.

Waite hat den Anregungen von McGregor Mathers (einem der Gründer des Golden Dawns) entsprechend die beiden Karten Gerechtigkeit und Stärke innerhalb der Folge der Großen Arkana vertauscht, sowie die Münzen der Erde und die Schwerter der Luft zugeordnet – das ist zuvor umgekehrt gewesen. Es hat jedoch auch schon vorher verschiedene Versionen von Zuordnungen gegeben.

Das Orakel beginnt damit, daß eine klare Frage gestellt wird.

Dann folgt ein kreativer Teil: Welche Struktur sollte die Antwort auf diese Frage haben? Ist es eine einzelne Karte? Sind es drei Karten, die für Vergangenheit, Gegenwart und Zukunft stehen? Sind es drei Karten, die für das Problem, das Heilmittel und die Erfolgsaussichten stehen? Sind es fünf Karten, die für Person A, Person B, die Sicht von A auf B, die Sicht von B auf A und die Dynamik zwischen beiden stehen? Hier gibt es fast unbegrenzte Möglichkeiten. Man sollte zudem stets eine Karte ziehen, die zeigt, was das Wichtige ist und was man nicht übersehen sollte und worauf man achten sollte usw.

Dann wird je eine Karte für jeden dieser ausgewählten Plätze gezogen, die dann die Qualität an diesen Plätzen darstellt.

Man kann auch unterscheiden, ob die Karten richtig herum oder falsch herum liegen. Richtig herum liegende Karten stellen den Zustand so dar, wie er auf der Karte abgebildet ist – falsch herum liegende Karten stellen eine Störung, Ablehnung oder bisher mißlungene Überwindung dieses Zustandes dar.

Aus den Tarotkarten haben sich viele Kartenspiele wie Skat, Rommé, Kanaster und Mau-Mau entwickelt. Die vier Elemente sind zu den vier Farben (Herz, Kreuz, Karo und Pik bzw. Eicheln, Schellen, Herz und Schippe) geworden. Aus den Kleinen Arkana sind die Karten 1 bis 10 entstanden; aus den Hofkarten, also König, Königin, Ritter und Knappe, sind König, Dame und Bube geworden (eine der vier Gestalten ist fortgefallen); und der Narr ist zum Joker geworden.

II 3. g)   Geomantie

Zunächst einmal wird der zu der gestellten Frage gehörende Planetenherrscher herausgesucht. Dies geschieht mithilfe einer Liste mit sieben Gruppen von Themen, die in etwa den Qualitäten der sieben „klassischen" Planeten entsprechen.

Als nächstes wird der ausgewählte Planetenherrscher mit Hilfe des anrufenden Erd-Pentagramms und der zu diesem Planetenherrscher gehörenden Sigille gerufen. Hierin ähnelt die Geomantie dem Spiritismus.

Bei diesem Orakel-Verfahren werden mit einem Stab in eine Kiste mit Sand 16-mal nacheinander eine größere Anzahl von Löchern gestoßen. Bei jeder der 16 Gruppen wird die Anzahl der Löcher gezählt – eine ungerade Anzahl ergibt eine durchgezogene Linie, eine gerade Anzahl eine unterbrochene Linie. Dies entspricht vom Verfahren her und auch von der Notierung der Schafgarbenstengel-Methode des I Ging.

Anschließend werden aus den 16 durchgezogenen bzw. unterbrochenen Linien vier Tetragramme aus jeweils vier Linien geschaffen. Diese vier Figuren werden „Mütter" genannt.

Durch eine bestimmte Kombination der Linien der „Mütter" werden dann die vier „Töchter" und die vier „Neffen" geschaffen, sodaß man insgesamt 12 Tetragramme aus jeweils vier Linien erhält.

Diese 12 Tetragramme werden dann den zwölf astrologischen Häusern zugeordnet.

Es gibt 16 mögliche Tetragramme: 2 Möglichkeiten auf vier Linien = $4 \cdot 4 = 16$ Kombinationen. Die Bedeutung dieser 16 Tetragamme ergeben sich aus einer Liste – wie bei den Tarotkarten.

Die Geomantie verbindet somit Elemente aus dem I Ging, aus der Astrologie, aus dem Tarot und dem Spiritismus.

(Eine ausführliche Darstellung und Anleitung findet sich z.B. in dem Buch „Techniques of High Magic" von Francis King und Stephen Skinner.)

II 3. h)   Spiritismus

Im Spiritismus werden die Ahnen („spirits") befragt, die dann mithilfe eines Ouija-Brettes Antworten geben. Auf diesem Brett sind das Alphabet, die Zahlen von 1 bis 10, die Worte „Ja", „Nein" und ähnliches verzeichnet.

Wenn nun eine Frage gestellt worden ist, legt jeder Teilnehmer einen Finger auf einen frei beweglichen „Zeiger" (z.B. ein Glas), der dann durch die kombinierten Bewegungen der Teilnehmer schließlich auf dem Brett umherrutscht und schließlich einen Buchstaben, eine Zahl, ein „Ja" oder ein „Nein" weist. Aus mehreren Buchstaben können sich dann sogar Worte und Sätze ergeben.

Auf diese Weise können die Teilnehmer der Séance mit den Ahnen reden und von ihnen Antworten erhalten.

II 3. i)   Familienaufstellungen

Bei einer Familienaufstellung entsteht ein „Handlung-Bild". Dieses Bild, das dabei deutlich wird, ist die Familien-Tradition, also ein bestimmtes Verhaltensmuster, das sich im Laufe der Zeit entwickelt hat und von Eltern zu Kindern weitergegeben wird. Durch die Familienaufstellungen kann dieses Bild deutlich werden – und vor allem auch verändert werden.

Um dieses „Bild" herzustellen, treffen sich ca. ein Dutzend Personen mit einem Aufstellungs-Leiter. Ein Ratsuchender stellt kurz eine Frage, woraufhin der Leiter schaut, welche Rollen für diese Frage von Bedeutung sind. Dies können der Fragesteller selber, seine Eltern, sein Ehepartner, sein Vorgesetzter, aber auch das Geld, seine Heimatstadt, seine Seele, der Mars in seinem Horoskop usw. sein. Dann wird gefragt, wer eine dieser Rollen einnehmen will.

Nun betreten die ausgewählten Personen den für die Familienaufstellung bestimmten Platz (oft ein großer Teppich) und nehmen innerlich ihre Rollen ein. Derjenige, der z.B. den Großvater des Ratsuchenden darstellt, weiß zwar nichts über diesen Großvater, aber beginnt spontan zu hinken und sehr cholerisch zu sein – so wie dieser Großvater eben auch tatsächlich gewesen ist.

Man kann diesen Vorgang als eine Form der kollektiven Telepathie auffassen – die Gruppe von Menschen, die die Situation des Ratsuchenden darstellt (ohne etwas von dieser Situation zu wissen), wird tatsächlich durch ihren Entschluß, in diese Situation zu gehen und die ausgewählte Person darzustellen, in das dazugehörige Verhalten und Wissen versetzt.

Diese konkrete Darstellung der Situation macht dem Ratsuchenden zum einen seine Situation sehr viel klarer als zuvor und sie gibt ihm die Möglichkeit, mithilfe des

Leiters der Aufstellung im Gespräch mit seinen Ahnen bzw. mit den verschiedenen Aspekten seiner Situation alte Spannungen abzubauen und zu heilen.

Eine sehr interessante Version der Familienaufstellung ist die „Tafelrunde der Planeten". Dabei markiert man den Tierkreis auf dem Fußboden und stellt 10 Personen, die die Planeten repräsentieren, so in diesen Kreis, wie sie in dem Horoskop des Ratsuchenden stehen. Der Ratsuchende selber stellt sich als König oder als Regisseur in die Mitte des Tierkreises und beginnt ein Gespräch mit den 10 Planeten, das ihm sehr viel über sich selber deutlicher machen wird. Die Aufgabe des Ratsuchenden ist es, die 10 Planeten zu einer Kooperation zu bringen, die das Verhalten des Ratsuchenden deutlich effektiver und sein Leben merklich angenehmer werden lassen.

Man kann in vielen Situationen auch einfach die „5 Punkte-Aufstellung" verwenden, bei der die augenblickliche Situation, das Ziel, der nächste Schritt, das derzeitige Hindernis und das Heilmittel für das Hindernis dargestellt werden.

Eine Familienaufstellung hat große Ähnlichkeit mit dem Tarot-Orakel: In beiden Fällen wird zunächst geschaut, welche Legeplätze für die Karten bzw. welche Rollen für die Familienaufstellung gebraucht werden. Anschließend wird dann je eine Karte für jeden Legeplatz gezogen bzw. je eine Person für jede Rolle ausgewählt.

Man kann daher auch die Karten einer Tarot-Deutung auf den Fußboden legen und sich dann nacheinander neben jede dieser Karten stellen und schauen, welche Impulse, Gefühle und Worte einem an diesem Ort kommen. Wenn genügend Personen zugegen sind, kann sich natürlich auch jeweils eine Person neben jeweils einer Karte stellen – und dann ein „Familienaufstellungs-Gespräch" beginnen.

Das Verfahren der Familienaufstellung stammt aus dem Ahnenkult der Medizinmänner in Südafrika – vermutlich von den Bantus.

II 3. j) Nekromantie

„Nekromantie" bedeutet „Wahrsagung mithilfe von Toten". Das ist die klassische Orakel-Methode, da man früher davon ausging, das sich das Wissen über die Zukunft und über ferne Dinge bei den Ahnen und den Göttern im Jenseits befindet. Daher ist es früher üblich gewesen, in Notfällen zu dem Grab der verstorbenen Vorfahren – insbesondere zu dem Grab des eigenen Vaters und der eigenen Mutter – zu gehen, sie zu rufen und innerlich um Rat zu fragen.

Dieses Verfahren wird ausführlich in der germanischen Überlieferung beschrieben, aber es ist auch als die Ahnenschreine der früheren Chinesen oder als der Totenkult der alten Ägypter bekannt. Dieser Brauch ist weltweit verbreitet und wird unter Ethnologen ein wenig irreführend „Totenkult" genannt – doch es gibt eigentlich keine Verehrung der Ahnen („Kult"), sondern ein Vertrauen in die Ahnen.

In den früheren Kulturen, also zu der Zeit, als es noch keine Schulen, Krankenversicherungen und Rentenbezüge gegeben hat, waren die eigenen Eltern diejenigen, von denen man lernte „wie Leben geht" und sie waren auch der wichtigste Halt im eigenen Leben.

Daher sehnten sich die Menschen diesen Halt nach dem Tod ihrer Eltern wieder zurück. Folglich ging man zu ihren Gräbern und bat sie um Rat und Hilfe und hörte und sah sie dann innerlich antworten oder sah und hörte sie manchmal auch äußerlich als Vision auf dem Grab stehen und antworten. Solche Visionen sind eine Überlagerung von inneren Bildern (die Eltern) und äußeren Bildern (das Grab).

Für diejenigen, denen solche Gespräche mit den Toten schwerfielen, übernahmen die Schamanen diese Aufgabe.

Bei der Christianisierung in Europa standen die Missionare vor der schwierigen Aufgabe, den „Heiden" klar zu machen, daß ihnen ausschließlich „Gott Vater" helfen kann und daß der eigene verstorbene Vater lediglich ein Dämon ist, der die Menschen täuschen will.

Um die „Heiden" dazu zu bewegen, nicht mehr ihren eigenen toten Eltern, sondern nur noch „Gott Vater" zu vertrauen, mußten die Missionare die Angst vor dem Tod erfinden bzw. die vorhandenen Ängste nutzen und alle Motive der heidnischen Jenseitsvorstellungen zu einem Schreckensbild zusammenzufügen.

Dadurch wurde das Urbild der Ahnen, das damals eine Mischgestalt aus einem Herdentier und einem Mann gewesen ist (wie z.B. Pan, Zentaur, Minotaurus, Cernunnos), zu dem Teufel; die Jenseitsgöttin wurde zu des Teufels Großmutter; die Grabkammer im Hügelgrab wurde zur Hölle („Höhle"); das Bestattungsfeuer wurde zum Höllenfeuer; der Hund als Begleiter des Schamanen wurde zum Höllenhund usw.

(Eine ausführliche Darstellung findet sich in meinem Buch „Die Biographie des Teufels".)

Die Maßnahmen der Missionare zur Verteufelung des „Ahnen-Orakels" waren so erfolgreich, daß es heutzutage in Europa kaum etwas gibt, was die Menschen als noch gruseliger empfinden als das Beschwören eines Toten um Mitternacht bei Vollmond auf dem Kreuzweg eines Friedhofes.

Die meisten Beschwörungen in der Magie („Evokationen") beziehen sich vermutlich noch immer auf die Toten – manchmal jedoch auch auf Dämonen oder Gottheiten.

Mittlerweile ist der Ahnenkult in der westlichen Zivilisation glücklciherweise durch die Familienaufstellungen wieder reintegriert worden.

II 4.   Astrologie

Auch die Astrologie gehört zu den Orakeln – schließlich wird auch hier eine Natur-Erscheinung beobachtet und zur Deutung von Ereignissen, Charakteren, Qualitäten und ähnlichem verwendet.

Da die verschiedenen Hauptrichtungen der Astrologie, die vor allem aus Europa, Indien und China stammen, deutliche Unterschiede aufweisen, werden sie im Folgenden getrennt besprochen.

II 4. a)   Ursprünge der Astrologie

Die Ursprünge der Astrologie liegen vermutlich in der Beobachtung des Mondes und des Sonnenlaufs. Dabei könnte als erstes die hohe Spannung des Vollmondes aufgefallen sein. Etwas anspruchsvoller wird es gewesen sein, die verschiedenen Qualitäten des Sonnenstandes in den 12 Tierkreiszeichen zu bemerken.

Vermutlich wird auch der Zyklus der Menstruation, der in etwa der Dauer eines Mondzyklus entspricht, die Aufmerksamkeit auf die Mondphasen gelenkt haben.

Die Menschen werden auch schon früh auf den Stand der Sonne geachtet haben, da sich von ihm sowohl die Tageszeit als auch die Himmelsrichtungen ablesen ließ.

Die Anfänge der Astrologie könnten in der späten Altsteinzeit oder in der frühen Jungsteinzeit gelegen haben. Diese Astrologie wird lediglich noch sehr vage Aussagen wie „Bei Vollmond gibt es oft Streß." und ähnliches ermöglicht haben.

II 4. b)   Mesopotamische Astrologie

Die älteste bekannte Astrologie, die alle sieben klassischen Planeten berücksichtigt und dadurch deutlich differenzierte Aussagen machen konnte, stammt aus Mesopotamien.

Diese Astrologie war noch eine kollektive Astrologie, da sie keine Horoskope, sondern nur den aktuellen Planetenstand berücksichtigt hat. Daher konnten die Astrologen z.B. vorhersagen, daß bei einem Quadrat zwischen Mars und Saturn die Gefahr von Kämpfen und Kriegen besonders groß gewesen ist.

II 4. c)   Griechische Astrologie

Es gibt eigentlich keine speziell griechische Astrologie, aber da Pythagoras um ca. 500 v.Chr. die innere Logik und Harmonie der Astrologie untersucht hat und z.B. die Tierkreiszeichen mit jeweils 30° festgelegt hat und sie mit der Zwölftonskala in der Musik verglichen hat, hat er die Astrologie, die die Griechen von den Babyloniern und von den Ägyptern übernommen haben, deutlich weiterentwickelt.

II 4. d)   Ägyptische Astrologie

Der Aszendent wurde in Ägypten bereits seit langer Zeit als die 36 „Dekane", d.h. die 36 Abschnitte des Tierkreises zu 10°, von denen jeweils 3 ein Tierkreiszeichen von 30° Länge bilden, beobachtet. Die Ägypter schauten also danach, welcher „Dekan" gerade im Osten am Himmel aufstieg (ascendere = aufsteigen). Man konnte also 36 verschiedene Aszendenten haben.

Das persönliche Horoskop wurde wahrscheinlich um ca. 300 v.Chr. in Ägypten entwickelt. Ab dieser Zeit wurde auch der Aszendent in das Horoskop eingefügt. Die ältesten erhaltenen Horoskop-Darstellungen stammen von ca. 50 n.Chr.

II 4. e)   Römische Astrologie

Bei den Römern ist die Astrologie mit Sicherheit schon „personalisiert" worden, da es z.T. bei Todesstrafe verboten war, das Horoskop des Kaisers zu berechnen, da dies als Grundlage für Attentate auf den Kaiser benutzt werden konnte.

II 4. f)   Mittelalterliche Astrologie

Die mittelalterliche Astrologie hat vor allem nach möglichst konkreten Vorhersagen von Ereignisse gestrebt, um den Königen und Fürsten bei ihren Entscheidungen zu helfen. Aus der Sicht der heutigen Astrologie waren diese Voraussagen oft erstaunlich präzise und konkret – wie z.B. einen ganz konkrete Todesart an einem ganz bestimmten Tag.

Möglicherweise wurden dabei die astrologischen Daten durch Traumreisen o.ä.

konkretisiert – allerdings scheint es keine direkten Hinweise auf Traumreisen u.ä. als unterstützendes Hilfsmittel bei der astrologischen Deutung zu geben.

II 4. g)   Westliche Astrologie

Die heutige westliche Astrologie benutzt die Horoskope, um den Charakter und den Stil eines Menschen zu beschreiben. Weiterhin benutzt sie die Transite (aktueller Planetenstand in Bezug zu einem Horoskop) um aktuelle Variationen der Grundqualitäten eines Menschen zu beschreiben und dadurch mögliche Ereignisse zu erkennen, die in Analogie zu dem Planetenstand stehen.

Die heutige Astrologie hat zudem durch die Einbeziehung der Psychologie eine neue „innere Dimension" erhalten.

Die mittelalterliche Astrologie hat hingegen nur die „äußere Dimension" der konkreten Ereignisse betrachtet und beschrieben.

II 4. h)   Indische Astrologie

Die indische Astrologie ähnelt sehr stark der mittelalterlichen Astrologie. In ihr sind für alle Planetenstände jahrhundertelang Ereignisse gesammelt und verglichen worden, weshalb die indische Astrologie solche Voraussagen machen kann wie „In sieben Tagen werden Sie von einem kleinen, weißen Hund gebissen werden." Derartige Aussagen sind mithilfe der heutigen europäischen Astrologie nicht möglich.

Die indische Astrologie wird wie die europäische Astrologie zur Unterstützung von medizinischen, psychologischen und magischen Heilungen verwendet.

II 4. i)   Chinesische Astrologie

Die chinesische Astrologie beruht nicht auf der Betrachtung des Standes der sieben bzw. zehn Planeten, sondern auf der Stellung der Sonne in den Tierkreiszeichen, auf der Folge der fünf chinesischen Elementen (Feuer, Wasser, Wind, Metall, Holz), auf dem Rhythmus von Yin und Yang, sowie noch einigen anderen systematischen Ordnungen mehr, die alle miteinander kombiniert werden.

Aus der Betrachtung, welches Tierkreiszeichen, welches Element, Yin oder Yang usw. in einer bestimmten Stunde gerade aktiv ist, ergeben sich Listen für günstige oder ungünstige Stunden für bestimmte Unternehmungen.

II 4. j) Tibetische Astrologie

In der tibetischen Astrologie sind die indische und die chinesische Astrologie kombiniert und durch buddhistische Vorstellungen ergänzt worden.

Die tibetische Astrologie dient wie die chinesische Astrologie dem Erfassen von günstigen und ungünstigen Tage für bestimmte Vorhaben, aber zusätzlich auch noch für das Erkennen des Karmas eines konkreten Menschen.

II 4. k) Astrologie allgemein

Bei der Astrologie wird auf die Planeten und die Sterne geschaut und davon dann die Deutung der Zukunft oder des Charakters eines Menschen abgeleitet.

Man kann sich nun fragen, ob es sich bei der Astrologie um ein Omen oder um ein Orakel handelt:

- Wie bei einem Omen ist das, was man deutet, bereits vorhanden und muß nicht erst hergestellt werden.

- Allerdings ist wie bei einem Orakel auch ein sehr differenziertes Deutungssystem vorhanden – was es allerdings auch bei Omendeutungen gibt (siehe die Omen-Sammlungen der Gebrüder Grimm in „Deutsche Mythologie").

- Bei der Astrologie schaut man wie bei einem Orakel gezielt auf das Hilfsmittel (hier die Sterne), die im Gegensatz zu einem Omen jederzeit verfügbar sind.

Die Astrologie steht sozusagen zwischen Omen und Orakel und enthält Elemente von beiden. Das läßt wiederum vermuten, daß es keinen prinzipiellen Unterschied zwischen Omen und Orakeln gibt – was später noch eingehender betrachtet wird.

II 5. Wahrsagung ohne Hilfsmittel

Diese Art des „Erkennens von Verborgenem" gehört weder zu den Omen noch zu den Orakeln, da es sich dabei um eine direkte Wahrnehmung ohne jedes Hilfsmittel handelt.

II 5. a) Staats-Orakel

Es gibt bzw. gab in mehreren Ländern ein offizielles oder inoffizielles Staatsorakel. Zu den offiziellen Orakeln gehören z.B. das Orakel von Delphi im antiken Griechenland und das tibetische Staatsorakel des Dalai Lamas. Zu den inoffiziellen Staatsorakeln gehörten Rasputin am Zarenhof und die rheinländische Seherin Buchela, bei der u.a. auch der Bundeskanzler Konrad Adenauer Rat gesucht hat. Man kann auch die Seher der römischen Kaiser und die Druiden der Kelten sowie Merlin am Hof von König Artus und ähnliche König/Seher-Kombinationen in den Sagen zu den Staatsorakeln rechnen.

Es ist auffällig, daß die meisten Staatsorakel keine Hilfsmittel verwendet haben, sondern lediglich „nach innen" gelauscht und geblickt und dann ihre Antwort gegeben haben. Von vielen Staatsorakel-Sehern ist bekannt, daß sie sich stets an eine bestimmte Gottheit gewandt haben, um eine Antwort auf die Frage zu erhalten, die ihnen gestellt worden ist.

Das Staatsorakel ist also weder ein Omen noch ein Orakel wie das I Ging oder das Tarot, bei dem die Deutung eines Hilfsmittels (Hexagramm oder Tarot-Karte) die Antwort liefert. Stattdessen erhalten die Staatsorakel-Seher die Antwort direkt innerlich von einer Gottheit. Dieses Verfahren gleicht somit dem „Ahnenkult", bei dem man zu dem Grab der Verstorbenen geht und dort Kontakt mit ihnen aufnimmt und die Ahnen um Rat und Hilfe bittet.

Dieses Verfahren ist natürlich auch von Sehern und Seherinnen bekannt, die nicht im Dienst eines Königs o.ä. standen wie z.B. die germanischen Seherinnen oder wie viele indischen Mahasiddhis. Man kann dieses Verfahren am ehesten als eine Form der Traumreise auffassen.

II 5. b) Übergang von Omen/Orakel zu Traumreise

Generell ist es bei jedem Omen und bei jedem Orakel und auch bei der Astrologie möglich, von der verstandesmäßigen Deutung des Vogelflug-Omens, des Tarot-Orakels und des Horoskops zu einer Traumreise überzugehen, die die Ergebnisse des Omens, des Orakels und des Horoskops als Ausgangspunkt nimmt.

Durch eine solche Traumreise können die Ergebnisse sehr viel differenzierter und konkreter werden – man wird in diesem Fall zu einem Seher bzw. zu einem Schamanen. Wenn man in dieser Methode geübt ist, wird das konkrete Omen, Orakel oder Horoskop nach und nach zu einem Hilfsmittel werden, das lediglich noch die Aufgabe hat, das eigene telepathische Erfassen des betrachteten Sachverhalts in Gang zu setzen.

II 6.   Die Wurzel-These eines Orakels

Jedes Orakel ist ein Teil einer Weltanschauung und ist eine mehr oder weniger klare Systematisierung dieser Weltanschauung. Diese Systematik ist folglich auch die Grundlage der Antworten, die das betreffende Orakel gibt. Diese systematischen Weltanschauungen haben wiederum einen Grundgedanken, der in ihnen detailliert ausgeführt wird und der das Fundament sowohl der betreffenden Weltanschauung als auch der mit ihr verbunden möglichen Orakel-Antworten ist.

Es ist folglich ratsam, diese Wurzel-These, also diesen Grundgedanken des Orakels, das man verwenden will, zu kennen, um zu wissen, aus welcher Perspektive das Orakel eine Antworten auf die an das Orakel gestellten Fragen gibt.

II 6. a)   Gottesurteil

Ein großer Teil der Orakel gibt Ja/Nein-Antworten: Würfel, Tafl, Go, Gobang, Schach, siedendes Öl, Feuerlauf, Zweikampf, Dame, Federball usw.

Diese Verfahren, die man als „Gottesurteile" bezeichnen kann, gehen davon aus, daß derjenige siegen bzw. Erfolg haben wird, der von den Göttern unterstützt wird. Das bedeutet, daß der Sieger im Recht ist und verdientermaßen gesiegt hat.

Der Hintergrund dieser Art von Orakel ist die Vorstellung von allmächtigen Göttern, die die Geschicke der Menschen einschließlich der Gottesurteile lenken.

II 6. b)   I Ging, Ifa und Geomantie

Dies Gruppe von Orakeln ist durch das noch aus der späten Altsteinzeit stammende binäre Zahlensystem geprägt, deren Reste sich weltweit wiederfinden lassen. Die Welt hat sich diesem Konzept zufolge aus einer Einheit durch mehrere Folgen von Polarisierungen entwickelt: „1" $\rightarrow$ „2" $\rightarrow$ „4" $\rightarrow$ „8" $\rightarrow$ „16" $\rightarrow$ „32" usw.

Die bekannteste Version dieser Systematik ist sicherlich die Aufteilung des Tao in Yin und Yang. Aber sie findet sich auch in der Bibel als die Erde und das Wasser am Anfnag der Zeit, bei den Germanen als das Feuer und das Eis vor der Erschaffung der Welt, bei vielen indianischen Medizinrädern als Gott und Göttin usw. Dieses System wird überall durch Polarisierung/Verdopplung schrittweise komplexer, sodaß die Gesamtheit ihrer Elemente immer die Anzahl von „2^n" hat:

- das eine Tao als der eine Ursprung
- die 2 Grundeigenschaften wie Yin und Yang in China, wie Feuer und Eis bei den Germanen, wie Sulphur und Mercurius bei den Alchemisten,
- die vier Elemente, die vier Jahreszeiten im I Ging, die vier Tiere in der Schwitzhütte,
- die 8 Trigramme, die 8 Bereiche des Medizinrades
- die 16 Zeichen in der Geomantie,
- die 32 Bereiche des Medizinrades,
- die 64 Hexagramme des I Ging,
- (128)
- die 256 Zeichen des Ifa-Orakels
- (512)
- (1024)
- (2048)
- die 4096 Verwandlungsmöglichkeiten des I Gings
- …

Die schrittweise Differenzierung der Welt und daher auch der aller Vielheit zugrundeliegenden Einheit der Welt ist daher ein fester Bestandteil aller Antworten, die diese Orakel geben. Aus ihnen leitet sich unter anderem ab, daß es stets sinnvoll ist, den Kontakt mit der allem zugrundeliegenden Einheit zu wahren – wie dies u.a. im Taoismus, der in einigen Punkten eng mit dem I Ging verwandt ist, ausführlich beschrieben wird.

Ein zweiter Bestandteil aller Antworten dieser Orakel ist der ständige Wandel aller Dinge, der sich zwangsweise daraus ergibt, daß die Welt eine Vielheit und nichts in ihr auf unangreifbare Weise beständig ist. Dieser Aspekt wird besonders im I Ging („Buch der Wandlungen") betont.

Schließlich ergeben sich aus diesem Weltbild noch zwei Dynamiken, die jedoch nur sehr selten ausführlicher beschrieben werden: Die Schöpfung der Vielheit aus der Einheit heraus und die Erkenntnis der Einheit aus der Vielheit heraus. Dieser Aspekt wird am klarsten in der jüdischen Kabbala formuliert, in der Weg von der Einheit zur Vielheit als „Blitzstrahl der Schöpfung" dargestellt wird und in der der Weg von der Vielheit zu Einheit als „Schlange der Weisheit" (Uräus, Kundalini) erscheint.

II 6. c) Tarot

Das Tarot leitet sich von dem kabbalistischen Lebensbaum ab, der daher das dem Tarot zugrundeliegende System ist. Die 4·10 Elemente-Karten leiten sich von den 10 Sephiroth ab; die 22 Großen Arkana leiten sich von den 22 Pfaden auf dem Lebensbaum ab; und die 4·4 Hofkarten werden recht willkürlich den vier Sephiroth Chokmah, Binah, Tiphareth und Malkuth auf dem Lebensbaum zugeordnet.

Der Lebensbaum stellt den Weg von der Erde zu Gott dar und somit auch wieder die Polarität von Einheit und Vielheit mit den beiden grundlegenden Prozessen der Schöpfung („Blitzstrahl der Schöpfung") und des Erkennens („Schlange der Weisheit"). Diese Polarität und die beiden sich daraus ergebenden Dynamiken stehen im Tarot deutlich weiter im Vordergrund als z.B. beim I Ging.

Das Tarot ist folglich von dem Verhältnis des Menschen (als Teil der Vielheit) zu Gott (Einheit) geprägt und rät letztlich immer – vereinfacht gesagt – zu der Bewußtwerdung Gottes im eigenen Inneren.

II 6. d) Astrologie

Bei der Astrologie gibt es zum einen feste Regeln, nach denen die Deutung abläuft, aber zum anderen kann ein Astrologe in einem Planetenstand natürlich auch nur die Dinge wiederfinden, die er selber bereits erlebt und verstanden hat.

Grundlegend hat die Astrologie zwei Grundannahmen: Zum einen zeigt sie, daß alles in Zyklen verläuft und sich daher ständig ändert; zum anderen suggeriert sie, daß alle Dinge bereits genauso festgelegt sind, wie es der Lauf der Planeten ist. Der zweite dieser beiden Punkte kann evtl. zu Fatalismus führen: „Ich kann ja eh nichts ändern!"

Diese fatalistische Schlußfolgerung übersieht jedoch, daß die Astrologie zwar eine Qualität festlegt, aber nicht das Niveau, auf dem man diese Qualität lebt. Man kann das Drama „King Lear" von Shakespeare auf eine Weise aufführen, daß die Zuschauer halberleuchtet nach Hause gehen – aber auch auf eine Weise, die sie dazu veranlaßt, mit faulen Tomaten zu werfen …

Diese Erkenntnis der Festgelegtheit im Stil, aber zugleich der Freiheit im Niveau ist das wichtigste Element, daß man bei dem Deuten eines Horoskopes dem Betreffenden verdeutlichen sollte. Nur dann kann das Horoskop zu einer wirklichen Hilfe werden.

II 6. e) Spiritismus, Familienaufstellungen, Nekromantie

Die Orakel-Systeme, die sich direkt an die toten Vorfahren wenden, beruhen offensichtlich auf dem Vertrauen zu den eigenen Ahnen – insbesondere zu den eigenen verstorbenen Eltern.

Diese Gruppe von Orakeln ist daher sehr viel individueller als die I Ging-Gruppe und die Tarot-Gruppe.

II 6. f) Formlose Orakel

Die Gruppe von Orakeln, die kein bestimmtes Deutungssystem verwendet, sondern die auf eine bestimmte Konstellation wie den Vogelflug, die Lage der Eingeweide des Opfertieres oder die Lage der Gegenstände beim Knochenorakel achtet, ist genauso individuell wie die vorige Spiritismus-Gruppe – allerdings auf eine andere Weise.

Bei der Spiritismus-Gruppe bringt das Vertrauen in die eigenen verstorbenen Eltern das individuelle Element in das Orakel – bei den formlosen Orakeln ist es die Betrachtung z.B. des Vogelfluges ohne dabei bestimmte Regeln zu benutzen, daß die Intuition und die Analogie-Logik des Deuters in den Vordergrund rückt und dadurch dieses Orakel individuell werden läßt.

Hier sind es die Fähigkeiten und die Weltsicht des Sehers, die dieses Orakel in erster Linie prägen.

II 6. g) Traumreisen

Die Traumreisen sind, wenn sie sorgfältig durchgeführt werden, eine Form der Telepathie, durch die ansonsten gar nicht oder nur schwer zugängliche Informationen beschafft werden können. Der Traumreise liegt daher kein bestimmtes Weltbild zugrunde, aber es ist sehr wahrscheinlich, daß der Traumreisende bei dem Vortragen von dem, was er auf seiner Traumreise gesehen hat, auch sein eigenes Weltbild in seinen Bericht einfließen läßt.

Daher gehören auch die Traumreisen zumindestens der Möglichkeit nach zu den individuellen Orakel-Formen.

II 6. h)   die persönliche Vorliebe

Es ist angesichts dieser Vielfalt von möglichen Orakeln natürlich notwendig zu schauen, welches Orakel am meisten den eigenen Vorlieben und Bedürfnissen entspricht.

Möglicherweise kombiniert man auch zwei Orakelformen wie Astrologie und Tarot oder I Ging und Traumreisen; möglicherweise hat man auch ein bestimmtes Verfahren, das man bevorzugt wie z.B. beim Tarot nicht zwischen richtig herum liegenden und falsch herum liegenden Karten zu unterscheiden, weil man der Ansicht ist, daß in allen Dingen Licht und Schatten gleichermaßen gemischt sind.

Vermutlich ist es anfangs am hilfreichsten, verschiedene Orakel auszuprobieren und dann zu schauen, wie sich diese Orakel und die Ergebnisse, zu denen sie führen, anfühlen. Dann kann man sich entweder für ein bestimmtes Orakel entscheiden oder man erhält ein Gespür dafür, für welche Fragen welches Orakel am besten geeignet ist.

Auch wenn man sich bereits für ein bestimmtes Orakel entschieden hat, kann es sein, daß man ein bestimmtes Tarot-Deck bevorzugt, das I Ging am liebsten mit Schafgarbenstengeln durchführt oder bei der Nekromantie immer den eigenen verstorbenen Großvater mütterlicherseits um Rat und Hilfe bittet.

- - -

In diesem Buch sind nicht alle Formen von Omen und Orakeln aufgeführt worden, sondern nur eine Übersicht über die grundlegenden und bekannteren Orakel-Typen.

III Übersicht: Omen und Orakel

Wenn man eine größere Anzahl verschiedener Methoden zur Verfügung hat, ist es meistens hilfreich, sie nach ihren beiden Hauptmerkmalen in eine Tabelle zu sortieren, um etwas mehr Übersicht zu erlangen. Manchmal entdeckt man dabei auch unerwartete Zusammenhänge.

Das eine Merkmal könnte bei Omen und Orakeln der Grad der Festlegung der Deutung sein. Dieser Grad der Festlegung schwankt den bisherigen Betrachtungen zufolge ja ganz beträchtlich.

Das zweite Merkmal könnte 1. der Grad der Festlegung dessen, was gedeutet wird, sein, 2. das Maß der Absichtlichkeit, mit das Gedeutete herbeigeführt wird, und 3. das Maß an Festlegung der Deutung durch ein dem Omen bzw. Orakel zugrundeliegendes Weltbild. Da diese dritte Möglichkeit mit dem ersten Merkmal (Grad der Festlegung der Deutung) weitgehend übereinstimmt, fällt diese Möglichkeit fort. Da Möglichkeiten 1 und 2 sehr ähnlich sind, empfiehlt sich die Möglichkeit 2, da diese auch darüber entscheidet, ob es sich um ein Omen oder um ein Orakel handelt. Die Möglichkeit „feste Deutungs-Regeln" kann man noch in „Ja/Nein-Regel", „einfache Deutungs-Texte" und „differenzierte Deutung" unterteilen.

Übersicht: Omen und Orakel			
Festgelegtsein der Deutung	**Entstehung des zu deutenden Ereignisses**		
	erscheint spontan	*ist bereits vorhanden*	*wird herbeigeführt*
feste Regeln — Ja/Nein			Würfel, Tafl, Go und Gobang, Schach, Dame, Federball, Fußball u.ä., Zweikampf, Feuerlauf, siedendes Öl
einfache Deutungs-Texte	Omen-Regeln	Vogelflug	I Ging, Ifa, Tarot, Geomantie
differen-zierte Regel-systeme		alle Formen der Astrologie	
individuelle Regeln		Mesopotamische Astrologie	Eingeweide-Orakel, Knochen-Orakel
kreative Deutung	spontanes auffälliges Ereignis, Frage und auffälliges Ereignis		
Gespräch			Spiritismus, Familienauf-stellungen, Nekromantie, Staats-Orakel
direkte Wahrnehmung			Traumreise

Durch diese Übersicht werden mehrere Dinge deutlich:

1. Omen/Orakel/Astrologie: Zunächst einmal kann man zwar sagen, daß Omen und Orakel zwei verschiedene Verfahren sind – beim Omen erscheint das Deutungs-Ereignis spontan, beim Orakel wird es herbeigeführt – aber es gibt dennoch fließende Übergänge zwischen beiden wie z.B die Astrologie.

Omen, Orakel und Astrologie sind also keine grundverschiedenen Methoden, sondern nur verschiedene Ansätze, um die Analogie zwischen dem „kleinen Ereignis", das gedeutet wird, und dem „großen Ereignis", über das man etwas erfahren will, zu erfassen.

Daraus kann man schließen, daß die Analogien auch ohne das Zutun des Menschen bereits vorhanden sind und dann als Omen oder als Planetenstand (Astrologie) erscheinen, aber daß solche aufschlußreichen Ereignisse auch gezielt durch ein Omen herbeigeführt werden können.

2. feste Regeln der Herbeiführung des besonderen Ereignisses: Da das Herbeiführen eines „kleinen Ereignisses", das Auskunft über das „große Ereignis" geben soll, stets absichtlich geschieht, finden sie sich nur bei den Orakeln.

3. feste Deutungsregeln: Solche eindeutigen Regeln finden sich vor allem bei den Ja/Nein-Orakeln, denn sonst würden sie nicht funktionieren – schließlich muß am Ende des Orakels ein klares „Ja" oder „Nein" entstanden sein. Am drastischsten ist dies bei dem Gottesurteil-Zweikampf: Der eine Kämpfer lebt, der andere Kämpfer ist tot …

Differenziertere, feste Deutungsregeln finden sich vor allem bei den bekannteren Orakeln wie Tarot, I Ging, Ifa, Geomantie u.ä., aber auch für die Deutung des Vogelfluges und von allerlei anderen auffälligen Begebenheiten.

Als in sich schlüssiges und gut sortiertes Regelwerk finden sich solche Textsammlungen allerdings nur bei den Orakeln – sie stammen offenbar aus der Epoche des Königtums, des Monotheismus und der Philosophie, in der derartige System erdacht worden sind.

Die festen Regeln für die Omen sind eher eine lose Sprichwort-Sammlung, mit deren Hilfe man die auffälligen Ereignisse deuten kann. Bei den Omen-Texten gibt es im Gegensatz zu den Orakel-Texten keine feste, begrenzte und logische Anzahl von Texten, sondern eine von Person zu Person schwankende Anzahl von ihr bekannten Omendeutungs-Sprüchen wie „Spinne am Morgen bringt Kummer und Sorgen".

4. differenzierte Regelsysteme: Solche Systeme, die eine hohes Maß an Kombinationsgabe erfordern, gibt es nur in der Astrologie.

Vermutlich sind die Anfänge der Astrologie in Mesopotamien noch stärker intuitiv als geregelt gewesen – einfach deshalb, weil damals noch nicht soviel astrologische Sachkenntnis vorlag.

Das einzige weitere Orakel, daß in Maßen auch die Kombinationsgabe erfordert, ist das Tarot, wenn man dabei eine größere Anzahl von Karten auslegt.

5. individuelle Regeln: Diese eher subjektiven Orakeldeutungs-Verfahren finden sich bei den Orakeln, deren Elemente auch subjektiv-individuell zusammengstellt worden sind.

Man kann zumindestens vermuten, daß die Orakel aus der späten Altsteinzeit und aus der Jungsteinzeit vorwiegend zu dieser Gruppe gehört haben werden. Dies ist jedoch nur ein Schlußfolgerung aus der Entwicklungsgeschichte der verschiedenen Epochen und kein direkter Nachweis.

6. kreative Deutung: Die individuelle Deutung eines Ereignisse – sei es spontan aufgetreten oder als Antwort auf eine Frage – ist den individuellen Regeln ein wenig ähnlich.

Bei der individuellen Deutung gibt es keine Regeln, nach denen man das Ereignis deuten kann, sondern man muß das Ereignis selber betrachten und sich fragen, was die Analogie dazu im eigenen Leben oder im Leben dessen, auf den sich das Ereignis bezieht, sein könnte.

Dieses Verfahren ist zum einen kreativer und daher auch anspruchsvoller, aber zum anderen können durch dieses Verfahren auch präzisere und hilfreichere Deutungen erlangt werden.

Dieses Verfahren ist für diejenigen geeignet, die entweder viel Talent für solche Dinge haben oder die schon viel Erfahrung mit der Deutung von Omen und Orakeln haben.

7. Ahnengespräch und Traumreise: Diese beiden Methoden sind die direktesten Verfahren, um zu Erkenntnissen zu gelangen, die man auf „normalem Wege" nicht erreichen kann. Sie sind am präzisesten und am detailreichsten – aber sie erfordern die Fähigkeit zur Traumreise bzw. zur Beschwörung der Ahnen und des Gespräches mit ihnen.

Wie die Familienaufstellungen zeigen, ist das „Beschwören" der Ahnen nicht weiter schwierig, aber das Stellen der kreativen und weiterführenden Fragen sowie das klare Erfassen der Antworten erfordert entweder viel Talent oder einige Übung.

IV Die Zuverlässigkeit von Omen und Orakeln

In diesem Zusammenhang stellt sich natürlich auch die Frage: „Wie sicher sind die Deutung von Omen und Orakeln und von Astrologie?"
Die Antwort lautet: „Das hängt vom Verfahren ab."

- Um das I Ging richtig zu deuten, muß man den Antwort-Text lesen und verstehen und auf die gestellte Frage anwenden können. Ansonsten scheint das I Ging sehr verläßlich zu sein.

Allerdings muß man die Frage ernst meinen – sonst erhält man unter Umständen auch einmal den Antworttext: „Das Orakel läßt sich nicht verspotten."

- Beim Tarot erfordert das Deuten der Bilder und auch der Texte ein wenig Übung. Insbesondere muß man lernen, die zur Frage passende Legemethode zu erkennen und die als Antwort erhaltenen Bilder auf die Frage zu beziehen.

Wie beim I Ging erscheinen auch hier nur sinnvolle Antworten, wenn die Frage mit dem nötigen Ernst und einem gewissen Maß an innerer Notwendigkeit gestellt worden ist.

- Bei der Astrologie ist vor allem eine große Sachkenntnis erforderlich – sowohl in Bezug auf das astrologische System selber als auch in Bezug auf die Menschenkenntnis, also in Hinsicht auf Lebenserfahrung, Psychologie, Weltanschauungen u.ä. Wenn man diese erlangt hat, ist die Astrologie das am wenigsten intuitive und daher auch sicherste System.

Das bedeutet natürlich nicht, daß man mit Intuition nicht über die reine astrologische Deutung hinausgehen könnte. Schließlich kann man von jedem Omen/Orakel-Verfahren aus z.B eine Traumreise zu der gestellten Frage unternehmen.

- Bei den kreativeren Methoden wie der Totenbeschwörung, den Familienaufstellungen oder den Traumreisen muß vermutlich jeder für sich selber herausfinden, wie verläßlich das ist, was er selber dabei wahrnimmt.

Prinzipiell sind auch dies sichere Methoden – schließlich sind sie sehr alt und bewährt – aber ein wenig Sachkenntnis und Übung ist ausgesprochen förderlich, da man erst einmal lernen muß, telepathisch empfangene Informationen klar von eigenen Assoziationen oder Gedanken zu unterscheiden.

Dies klingt jedoch schwieriger als es ist. Die Unterscheidung ist im Grunde genommen sogar sehr einfach: Bei einem eigenen Gedanken oder einer eigenen Assoziation kann man das innere Bild oder Wort mindestens ein oder zwei Schritte weit zurückverfolgen – man kann sehen, wie dieser Gedanke oder diese Assoziation entstanden ist. Bei einer telepathisch empfangenen Information ist dies nicht der Fall: Sie kommt von außen und hat daher keine Wurzel in der eigenen Psyche, die man erkennen könnte. Mit etwas Übung kann man so die eigenen inneren Bilder und Worte gut in Bezug auf ihre Herkunft unterscheiden.

Man kann nun natürlich fragen, ob alle Omen und Orakel immer „richtig" sind und ob sich lediglich der Deutende irren kann. Weiterhin kann man fragen, ob stets alle Dinge Analogien und Gleichnisse haben und somit auch Omen bzw. Orakel sind. diese beiden Fragen sind naturgemäß sehr umstritten …

Die Astrologie läßt es zumindestens sehr wahrscheinlich aussehen, daß Analogien ständig wirken, da sich jederzeit astrologische Beschreibungen der augenblicklichen Situation herstellen lassen – schließlich werden ständige Menschen geboren und sie alle haben ein Horoskop, das ihren Charakter in zutreffender Weise beschreibt.

Man könnte behaupten, daß die Astrologie nur bei besonderen Ereignissen wie einer Geburt oder Unternehmungsgründung gut funktioniert, aber das ist zumindestens sehr zweifelhaft, da es z.B. bei Vollmond jedesmal eine kollektive Anspannung gibt.

Es könnte prinzipiell möglich sein, daß Analogien nur dann funktionieren, wenn das Ereignis besonders heftig ist oder wenn der Empfänger besonders offen für ein Omen oder ein Orakel ist. Andererseits könnte man aus dem ständigen Funktionieren der Astrologie auch schließen, daß keinen Zufall gibt und daß alle Dinge ständig in einem sinnvollen Bezug zueinander stehen.

Diese beiden Fragen, also „Sind Omen und Orakel immer richtig?" und „Gibt es den Zufall?" lassen sich kaum klar beantworten, weil jedes Experiment bereits eine erhöhte Konzentration auf das untersuchte Omen oder Orakel darstellt und somit ein „Sonderfall" und nicht der „Regelfall" sein könnte.

Immerhin läßt sich sagen, daß das Vorhandensein von Omen nicht auf den Willen der Menschen angewiesen ist: Horoskope funktionieren immer – ganz egal, ob der betreffende Mensch bzw. seine Eltern an Astrologie glauben oder nicht oder ob sie überhaupt auch nur jemals etwas von Astrologie gehört haben.

Es gibt die häufige Beobachtung, daß Orakel unklare Antworten geben, wenn die Frage nicht so wichtig gewesen ist oder man sich nicht richtig auf das Orakel konzentriert hat. Das läßt vermuten, daß die Intensität der Frage mit der Klarheit der Orakel-Antwort zusammenhängt. Man kann dies auch als einen generellen Aspekt der den Omen und Orakeln zugrundeliegenden Analogien auffassen: „Klare Frage – klare Antwort."

Man kann sich auch fragen, ob die Planetenstände tatsächlich mit jedem Ereignis in Analogie stehen. Dieser Zusammenhang läßt sich bei allen größeren Ereignissen finden – die Geburt eines Menschen oder Tieres oder die Gründung eines Unternehmens scheint ein ausreichend großes Ereignis zu sein, da diese Art von Horoskopen immer funktioniert und diese Horoskope zu dem Augenblick der Eigenständigwerdung (Geburt, Gründung) solange weiterbestehen, wie dieses Lebewesen bzw. dieses Unternehmen besteht. Für große Ereignisse wie Ehe-Trennungen oder schwere Krankheiten läßt sich der Zusammenhang zu dem Planetenstand in dem betreffenden Augenblick auch leicht finden, aber für eher kleine Ereignisse wie das Essen eines Himbeer-Eises wird man Mühe haben, den entsprechenden Planetenstand ausfindig zu machen.

Ähnlich wie bei den Orakeln würde also auch in der Astrologie gelten: „Kleines Ereignis – kaum ein Bezug zum Planetenstand erkennbar."

Etwas ganz ähnliches läßt sich auch bei den Omen beobachten: Wenn ich mich am Kopf kratze, wird das kein sichtbares Omen hervorrufen. Wenn ich in den Bergen in großer Gefahr bin, einen falschen Schritt zu tun und dann einen Hang hinunterzustürzen, wird sich wahrscheinlich ein Omen zeigen und mich warnen – das ich dann hoffentlich auch verstehen werde.

Man kann auch aus einem anderen Blickwinkel auf die Omen schauen: Wenn jedes kleinste Ereignis ein Omen hervorruft, werden auch die Omen dieser vielen kleinen Ereignisse selber klein sein und sich insgesamt zu einer Art „Omen-Grundrauschen" verbinden, in dem keine Einzelheiten mehr erkennbar sind (obwohl diese Einzelheiten „mikroskopisch" gesehen vorhanden sind). Dieses „Omen-Grundrauschen" ist sozusagen grau und neutral und nicht mehr wahrnehmbar.

Ähnlich wie bei der Astrologie würde also auch bei den Omen gelten: „Kleine Ereignisse – kleine Omen."

> - Bei einem Omen muß es ein bevorstehendes Ereignis von ausreichender Wichtigkeit für eine Person geben, damit diese Person ein Omen von ausreichender Deutlichkeit erhält. Lebensgefahr ist auf jeden Fall eine ausreichende Intensität.
> - Bei einem Orakel wie den Tarotkarten erschafft bereits das Holen der Karten, das Formulieren der Frage, das Auswählen der Karten und das Deuten der Karten in der Regel eine ausreichende Konzentration und Intensität, um eine klare Antwort zu erzeugen. Allerdings ist letztlich nur die innere Intensität der Frage von Bedeutung.
> - Bei der Astrologie ist das Geborenwerden bzw. das Gründen eine ausreichende Intensität.

Die Größe eines Ereignisses bzw. die Intensität einer Frage entscheidet darüber, ob es zu einem erkennbaren Omen kommt oder nicht, ob das Orakel eine klare Antwort gibt oder nicht, und ob sich das Ereignis in dem aktuellen Planetenstand wiederfindet oder nicht.

Nicht jedes Essen eines Himbeer-Eises ruft ein Omen hervor …

Die Größe und die Intensität eines Ereignisses oder einer Frage hat Bedeutung bei Omen, Orakeln und Planetenständen. Alles, was zu klein oder zu wenig intensiv ist, verschwindet in einem grauen „Omen-Grundrauschen", in dem sich all die vielen winzigen Omen vermischen und gegenseitig neutralisieren und dann im Alltag nicht mehr in Erscheinung treten.

Man kann sich auch die Frage stellen, ob auch Tiere Omen erhalten und ob sie diese Omen wahrnehmen und richtig deuten können. Zunächst einmal gibt es ja keinen Grund dafür, daß man annimmt, daß die Menschen in Bezug auf Omen eine Sonderstellung haben, denn worin sollte dies begründet sein? Wo sollte z.B. der Übergang zwischen Affen, Menschenaffen und Menschen liegen, ab dem Omen plötzlich möglich geworden sind?

Nun kann man sich ja schlecht mit Elefanten, Affen oder Hunden über das Thema „Omen" unterhalten. Es bleibt also nur die Beobachtung des Verhaltens von Tieren.

Es ist allgemein bekannt, daß Tiere oft Gefahren „riechen" und sich selber und – im Fall von Haustieren – manchmal auch ihre Besitzer, die ihren Tieren folgen, in Sicherheit bringen. Insbesondere vor Erdbeben und Tsunamis ist oft beobachtet worden, daß sich große Scharen von Tieren an sichere Orte zurückgezogen haben. Es wäre durchaus denkbar, daß diese Tiere Omen wahrgenommen und auf sie reagiert haben – ein Erdbeben oder ein Tsunami wäre auf jeden Fall ein ausreichend großes und intensives Ereignis, da beides eine Todesgefahr darstellt.

V Omen, Orakel und Magie

Am Ende dieses Buches kann man nun noch Omen und Orakel mit der Magie vergleichen. Da Omen und Orakel zum Gesamtbereich der Magie gehören, sollte man erwarten können, daß man bei Omen und Orakeln und in der Magie dieselben Prinzipien wiederfindet – was auch der Fall ist.

- In der Magie konzentriert man sich auf das, was man sich erwünscht und imaginiert es möglichst lebhaft. Manche Omen erscheinen als Antwort auf etwas, was man gerade intensiv gefühlt und gedacht hat. Das intensive innere Bild ruft sowohl in der Magie als auch bei Omen ein diesem inneren Bild entsprechendes äußeres Ereignis hervor: die „Früchte der Zauberei" bzw. das „kleine Ereignis" des Omens.

Man kann folglich zumindestens einen Teil der Omen als „unbewußte Magie" auffassen.

- Bei einem Orakel konzentriert man sich auf eine Frage, die dann „per Zufall" z.B. mithilfe der Tarot-Karten die Karten erscheinen läßt, die eine sinnvolle Antwort auf die Frage geben.

In der Magie konzentriert man sich auf einen Wunsch, der dann „per Zufall" das als Wunscherfüllung passende Ereignis erscheinen läßt.

Das Prinzip ist in beiden Fällen dasselbe: Die innere Klarheit und Intensität ruft im Außen ein entsprechend klares und intensives Ereignis hervor.

- Eine Situation braucht eine ausreichende Intensität, um ein auffälliges Ereignis, also ein Omen hervorzurufen.

Die Magie braucht eine ausreichende Intensität, um eine äußere Wirkung zu zeigen.

Alle unbedeutenderen Situationen und alle kleineren Impulse im Menschen rufen nur ein „Analogie-Grundrauschen" hervor, in dem es keine klar erkennbaren Einzel-Ereignisse gibt, die sich als Omen einer Situation oder als Wunscherfüllung einem magischen Wunsch zuordnen lassen.

Wenn man diese Beispiele für einen Zusammenhang zwischen Omen/Orakel und Magie betrachtet, fällt auf, daß nicht jedes Omen in der Absicht oder den intensiven Gefühlen eines Menschen einen Ursprung hat – das gilt z.B. für Omen, die sich auf ein bevorstehendes Erdbeben beziehen. Auch die Astrologie funktioniert unabhängig von den Menschen.

Es scheint folglich eine Analogie-Grundordnung in der Welt zu geben, die unabhängig von den Menschen ist, aber durchaus auf alles in der Welt einschließlich den Menschen wirkt. Das ist auch der Magie bekannt und wird dort auch ausgiebig genutzt. So werden die eigenen Wünsche z.B. oft mit den ihnen entsprechenden Analogien gekoppelt, um diesen Wünschen mehr Kraft zu verleihen: Für Beziehungs-Wünsche ruft man die Venus um Hilfe, für eine bevorstehende Prüfung versichert man sich der Unterstützung des Merkurs, in der Kampf-Magie wendet man sich an Mars, bei Geldsorgen wäre der Jupiter die passende Adresse usw.

Es wird also auch bei dem Vergleich von Omen/Orakeln und Magie deutlich, daß beidem eine Analogie-Ordnung der Welt zugrundeliegt, die vom Menschen genutzt werden kann. Omen/Orakel und Magie beruhen auf denselben Gesetzmäßigkeiten.

Bücher von Harry Eilenstein

- The Synthesis of Physics and Magic (192 p.)	- Money Magic for Beginners (60 p.)
- Telepathy for Beginners (60 p.)	- Magic Objects for Beginners (64 p.)
- Telepathy for Advanced Learners (52 p.)	- Shamanism for Beginners (52 p.)
- Telekinesis for Beginners (56 p.)	- Chakra-Magic for Beginners (148 p.)
- Life Force for Beginners (76 p.)	- Language of the Moon – for Beginners (128 p.)
- Kundalini for Beginners (104 p.)	- Self Knowledge for Beginners (60 p.)
- Astral Projection for Beginners (60 p.)	- Da'ath-Magic for Beginners (64 p.)
- Meditation for Beginners (60 p.)	- Astrology for Beginners (112 p.)
- Prophecy for Beginners (60 p.)	- Number Symbolism for Beginners (64 p.)
- Ritual Magic for Beginners (64 p.)	- Mandalas for Beginners (76 p.)
- Magic Chant for Beginners (108 p.)	- Crop Circles for Beginners (344 p.)
- Invocations for Beginners (52 p.)	- Feng Shui for Beginners (96 p.)
- Evocations for Beginners (62 p.)	- Magic Research for Beginners (140 p.)
- Auto-Movement for Beginners (60 p.)	
- Elves for Beginners (56 p.)	- Magic for Beginners – Anthology I (636 p.)
- Hypnosis for Beginners (56 p.)	- Magic for Beginners – Anthology II (616 p.)
- Love Magic for Beginners (52 p.)	- Magic for Beginners – Anthology III (684 p.)
	- Magic for Beginners – Anthology IV (580 p.)

Religion allgemein
- Die sieben Schritte des Lebens (428 S.)
- Muttergöttin und Schamanen (168 S.)
- Totempfähle (440 S.)
- Der Urriese (168 S.)

Jungsteinzeit
- Göbekli Tepe (472 S.)
- Die Göttin von Göbekli Tepe (144 S.)

Ägypten
- Hathor und Re 1: Götter und Mythen im Alten Ägypten (432 S.)
- Hathor und Re 2: Die altägyptische Religion – Ursprünge, Kult und Magie (396 S.)
- Isis (508 S.)
- Ma'at (200 S.)

Christentum
- Christus (60 S.)
- Die Biographie des Teufels (144 S.)

Indogermanen
- Die Entwicklung der indogermanischen Religionen (700 S.)
- Wurzeln und Zweige der indogermanischen Religion (224 S.)

Griechen
- Pan (336 S.)
- Poseidon (668 S.)

Inder
- Dakini (80 S.)
- Vajra (76 S.)

Germanen
- Die Götter der Germanen (87 Bände – siehe nächste Seite)
- Odin (300 S.)

Kelten
- Cernunnos (690 S.)
- Taliesin (228 S.)
- Der Kessel von Gundestrup (220 S.)
- Der Chiemsee-Kessel (76)

Psychologie
- Über die Freude (100 S.)
- Das Geheimnis des inneren Friedens (252 S.)
- Das Beziehungsmandala (52 S.)
- Gefühle und ihre Verwandlungen (404 S.)
- einsgerichtet (140 S.)
- Liebe und Eigenständigkeit (216 S.)
- Von innerer Fülle zu äußerem Gedeihen (52 S.)

Heilung
- Die Symbolik der Krankheiten (76 S.)

Kunst
- Herz des Tanzes – Tanz des Herzens (160 S.)
- Die Wurzeln der Kunst (60 S.)
- Wege zur Musik-Improvisation (32 S.)

Drama
- König Athelstan (104 S.)

„Magie für Anfänger"

- Telepathie für Anfänger (60 S.)
- Telepathie für Fortgeschrittene (52 S.)
- Telekinese für Anfänger (52 S.)
- Analogien für Anfänger (56 S.)
- Omen und Orakel für Anfänger (52 S.)
- Lebenskraft für Anfänger (60 S.)
- Meditation für Anfänger (56 S.)
- Kundalini für Anfänger (100 S.)
- Hypnose für Anfänger (56 S.)
- Auto-Movement für Anfänger (56 S.)
- Chakra-Magie für Anfänger (148 S.)
- Astralreisen für Anfänger (56 S.)
- Astrologie für Anfänger (120 S.)
- Silberschnüre für Anfänger (52 S.)
- Zaubersprüche für Anfänger (60 S.)
- Ritual-Magie für Anfänger (56 S.)
- Mandalas für Anfänger (68 S.)
- Geldzauber für Anfänger (56 S.)
- Liebeszauber für Anfänger (52 S.)
- Invokationen für Anfänger (52 S.)
- Evokationen für Anfänger (60 S.)
- Geister für Anfänger (52 S.)
- Elfen für Anfänger (56 S.)
- Magie-Forschung für Anfänger (140 S.)
- Magie-Romantik für Anfänger (60 S.)
- Selbsterkenntnis für Anfänger (52 S.)
- Einweihungen für Anfänger (60 S.)
- Drogen-Kabbala für Anfänger (216 S.)
- Zahlensymbolik für Anfänger (60 S.)
- Die Sprache des Mondes – für Anfänger (116 S.)
- Zaubergesänge für Anfänger (100 S.)
- Zukunftschau für Anfänger (60 S.)
- Schamanismus für Anfänger (52 S.)
- Schwitzhütten für Anfänger (52 S.)
- Magische Gegenstände für Anfänger (68 S.)
- Übertragungen für Anfänger (68 S.)
- Zaubertränke für Anfänger (64 S.)
- Magie-Gesten für Anfänger (252 S.)
- Da'ath-Magie für Anfänger (64 S.)
- Kornkreise für Anfänger (348 S.)
- Feng Shui für Anfänger (96 S.)
- Tao für Anfänger (112 S.)
- Magie für Anfänger – Sammelband   I (696 S.)
- Magie für Anfänger – Sammelband   II (664 S.)
- Magie für Anfänger – Sammelband III (580 S.)
- Magie für Anfänger – Sammelband IV (700 S.)
- Magie für Anfänger – Sammelband   V (676 S.)

Eilenstein, Frater V.D., Knecht, Büdenbender

- Magie heute – Berichte aus der Praxis (288 S.)
- Living Magic (261 p.)

„Traumreisen"

- Traumreisen zu Heilpflanzen (700 S.)

Magie

- Handbuch für Zauberlehrlinge (408 S.)
- Wie man das Pentagramm-Ritual zum Leben erweckt (308 S.)
- Tarot (104 S.)
- Physik und Magie (184 S.)
- Die Synthese von Physik und Magie (200S.)
- Die Magie-Formel (156 S.)
- Schwarze Löcher in der Magie (56 S.)
- Krafttiere – Tiergöttinnen – Tiertänze (112 S.)
- Schwitzhütten (524 S.)
- Mythen und Magie der Harfe (116 S.)
- Drei Adeptus Major Rituale (192 S.)
- Drei Adeptus Exemptus Rituale (120 S.)
- Zwei Infans Abyssi Rituale (128 S.)
- Die Magie der Propheten Elias und Elisa (96 S.)

Meditation

- Der Lebenskraftkörper (230 S.)
- Die Chakren (100 S.)
- Das Chakren-System mit den Nebenchakren (296 S.)
- Organe und Chakren (64 S.)
- Die platonischen Körper in den Chakren (156 S.)
- Meditation (140 S.)
- Drachenfeuer (124 S.)
- Kundalini I (676 S.)
- Kundalini II (672 S.)
- Reinkarnation (156 S.)
- einsgerichtet (140 S.)

Astrologie

- Astrologie (496 S.)
- Photo-Astrologie (428 S.)
- Die astrologischen Aspekte (88 S.)
- Horoskop und Seele (120 S.)

Kabbala

- Kursus der praktischen Kabbala (150 S.)
- Eltern der Erde (450 S.)
- Blüten des Lebensbaumes:
    - Die Struktur des kabbalistischen Lebensbaumes (370 S.)
    - Der kabbalistische Lebensbaum als Forschungshilfsmittel (580 S.)
    - Der kabbalistische Lebensbaum als spirituelle Landkarte (520 S.)

Büdenbender, Eilenstein

- Chaos, Alk und Magic (436 S.)

Die Themen der 87 Bände der Reihe „Die Götter der Germanen"

1. Die Entwicklung der germanischen Religion
2. Lexikon der germanischen Religion
3. Der ursprüngliche Göttervater Tyr
4. Tyr in der Unterwelt: der Schmied Wieland
5. Tyr in der Unterwelt: der Riesenkönig Teil 1
6. Tyr in der Unterwelt: der Riesenkönig Teil 2
7. Tyr in der Unterwelt: der Zwergenkönig
8. Der Himmelswächter Heimdall
9. Der Sommergott Baldur
10. Der Meeresgott: Ägir, Hler und Njörd
11. Der Eibengott Ullr
12. Die Zwillingsgötter Alcis
13. Der neue Göttervater Odin Teil 1
14. Der neue Göttervater Odin Teil 2
15. Der Fruchtbarkeitsgott Freyr
16. Der Chaos-Gott Loki
17. Der Donnergott Thor
18. Der Priestergott Hönir
19. Die Göttersöhne
20. Die unbekannteren Götter
21. Die Göttermutter Frigg
22. Die Liebesgöttin: Freya und Menglöd
23. Die Erdgöttinnen
24. Die Korngöttin Sif
25. Die Apfel-Göttin Idun
26. Die Hügelgrab-Jenseitsgöttin Hel
27. Die Meeres-Jenseitsgöttin Ran
28. Die unbekannteren Jenseitsgöttinnen
29. Die unbekannteren Göttinnen
30. Die Nornen
31. Die Walküren
32. Die Zwerge
33. Der Urriese Ymir
34. Die Riesen
35. Die Riesinnen
36. Mythologische Wesen
37. Mythologische Priester und Priesterinnen
38. Sigurd/Siegfried
39. Helden und Göttersöhne
40. Die Symbolik der Vögel und Insekten
41. Die Symbolik der Schlangen, Drachen und Ungeheuer
42.a Die Symbolik der Herdentiere I
42.b Die Symbolik der Herdentiere II
43. Die Symbolik der Raubtiere
44. Die Symbolik der Wassertiere und sonstigen Tiere
45. Die Symbolik der Pflanzen
46. Die Symbolik der Farben
47. Die Symbolik der Zahlen
48. Die Symbolik von Sonne, Mond und Sternen
49.a Das Jenseits I – Das Hügelgrab
49.b Das Jenseits II – Der Jenseitsweg
50. Seelenvogel, Utiseta und Einweihung
51. Wiederzeugung und Wiedergeburt
52. Elemente der Kosmologie
53. Der Weltenbaum
54. Die Symbolik der Himmelsrichtungen und der Jahreszeiten
55.a Mythologische Motive I
55.b Mythologische Motive II
56. Der Tempel
57. Die Einrichtung des Tempels
58. Priesterin – Seherin – Zauberin – Hexe
59. Priester – Seher – Zauberer
60. Rituelle Kleidung und Schmuck
61. Skalden und Skaldinnen
62 Kriegerinnen und Ekstase-Krieger
63. Die Symbolik der Körperteile
64.a Magie und Ritual I
64.b Magie und Ritual II
64.c Magie und Ritual III
65. Gestaltwandlungen
66.a Magische Angriffs-Waffen
66.b Magische Verteidigungs-Waffen
67. Magische Werkzeuge und Gegenstände
68. Zaubersprüche
69. Göttermet
70. Zaubertränke
71. Träume, Omen und Orakel
72. Runen
73. Sozial-religiöse Rituale
74. Weisheiten und Sprichworte
75. Kenningar
76. Rätsel
77. Die vollständige Edda des Snorri Sturluson
78. Frühe Skaldenlieder
79.a Mythologische Sagas I
79.b Mythologische Sagas II
80. Hymnen an die germanischen Götter